生還

山岳遭難からの救出

羽根田 治

山と溪谷社

生還

目次

ブックデザイン＝小泉　弘
カバー写真＝磯貝　猛

はじめに

その遭難事故は一九六八（昭和四十三）年、北アルプスの西穂高岳を舞台にして起こった。この年の七月七日、二十四歳の女性ふたりが日帰りで上高地から西穂山荘を往復しようとし、その下山途中で行方不明になってしまったのである。

中学校時代の同窓生であるWとKは四泊五日の信州旅行を計画、予定どおり六日に上高地入りした。七日は上高地発午後二時十分のバスで松本から浅間温泉に向かうことになっており、バスの発車時間までゆっくりと上高地を散策するつもりであった。

七夕の日は、前日までの梅雨空が一転し、すっきりした晴れ空が広がる絶好の天気となった。朝の七時三十分ごろ、ふたりは荷物を宿に置いたまま散策に出かけた。ともに靴はキャラバンシューズを履いていたが、持っていたものといえばナイロンのカッパ、カメラ、水筒、チョコレート、ビスケットなど。その軽装で、WとKは西穂山荘を往復しようとしたのである。

もちろん、宿を出た時点では、そんなつもりはまったくなかった。が、河童橋で登山者と話を交わしたときに「西穂山荘まで登ればお花畑が見られるよ」と勧められ、その気になってしまったのだ。所要時間は約四時間ということだったので、バスの時間には充分間に合う計算だった。

そして西穂山荘に着いたのが午前十一時ごろ。予想以上に時間を食ってしまったため、ふたりはジュースを飲みながら五分ほど休憩し、すぐに下山を開始した。ところが、ふたりにはまったく山登りの知識も経験もなく、西穂山荘に至るコースは上高地からの登山道だけと思い込んでいた。飛騨側からのコースもあるということを知らなかったのである。

ふたりは立木につけられた赤いペンキ塗りの道標に従ってどんどん下っていった。それが自分たちを上高地へ導いてくれるものと疑いもせず。しかし、ふたりが道標だと思っていたのは、飛騨側の千石尾根に沿って続く、民有林と国有林の境界標識であった。

しばらくしてふたりは標識を見失ってしまった。気がつくと、背丈が二メートルもあるクマザサの藪のなかに迷い込んでいた。

そこでWが「道を捜してくるからここで待っていて」とKに言い残して偵察に出ていった。が、進めば進むほどクマザサは深くなるばかりで、いくら捜しても道らしきものは見つからない。あきらめて元の場所にもどると、今度はKの姿がない。慌ててKの名前を呼びながらあたりを捜し回っているときにクマザサに足をとられ、一瞬、体が宙に浮いた。そのまま急斜面を転げ落ちていきながら、意識を失ってしまった。

一方、道を捜しに行ったWを待っていたKは、相棒がなかなかもどってこないことにしびれを切らせ、あとを追うことにした。しかし、途中で「もしかしたらWは山荘にもどったのでは」と思い、来た道を引き返し始めたのだが、深いクマザサのなかではどこをどう通ってきたのか、もはやわからなくなっていた。

その日から三日間、Kはクマザサの藪のなかで寝た。ふたりで持って出たわずかな装備は、みなKが持っていた。食料はビスケットとチョコレートがあったが、ビスケットは沢で転んだときに濡らしてしまって食べられなくなっていた。残るは板チョコレート一枚のみ。Kはそれを毎日ひとかけらずつ食べて命をつないだ。

崖から転げ落ちて気を失ったWは、二、三日失神していたようで、気がついたのは七月九日か十日のことだと思われる。意識をとりもどしてみると、全身に痛みが走り、手は傷だらけ、右目は腫れ上がってふさがり、右足のキャラバンシューズがなくなっていた。

その後、Wは沢のほとりを動かずに三日間ほど救助を待ったが、誰も来ないため自力で下山しようと決心し、行動を開始する。前述のとおり、Wの頭の中の地図には上高地しかなく、あくまでも上高地へ下りるつもりでいたようだ。そしていくつもの尾根を越え、また沢を渡り、十五日の夕方になってようやく砂防工事現場にたどり着いた。それは上高地ではなく、飛驒側の外ガ谷の工事現場であった。翌十六日の朝、現場近くをフラフラ歩いていたWは、現場に作業員を乗せてきたマイクロバスの運転手に発見されたのである。

　Wが自力下山を果たしたころ、Kはいまだ山のなかであった。十日から十二日までは、あまりあちこち動き回らず、沢のそばに腰を落ち着けて体力の消耗を防いだ。十三日に大きな滝に行き当たり、その横に岩穴を見つけてからは、岩穴をねぐらにしてじっと救助を待っていた。チョコレートはすでになくなり、毎日、沢の水だけを飲んでいた。

　行方不明になったふたりの捜索は八日から始められていたが、捜索範囲は最初から上高地周辺に絞られていたので、なんの手がかりも得られないまま、十三日

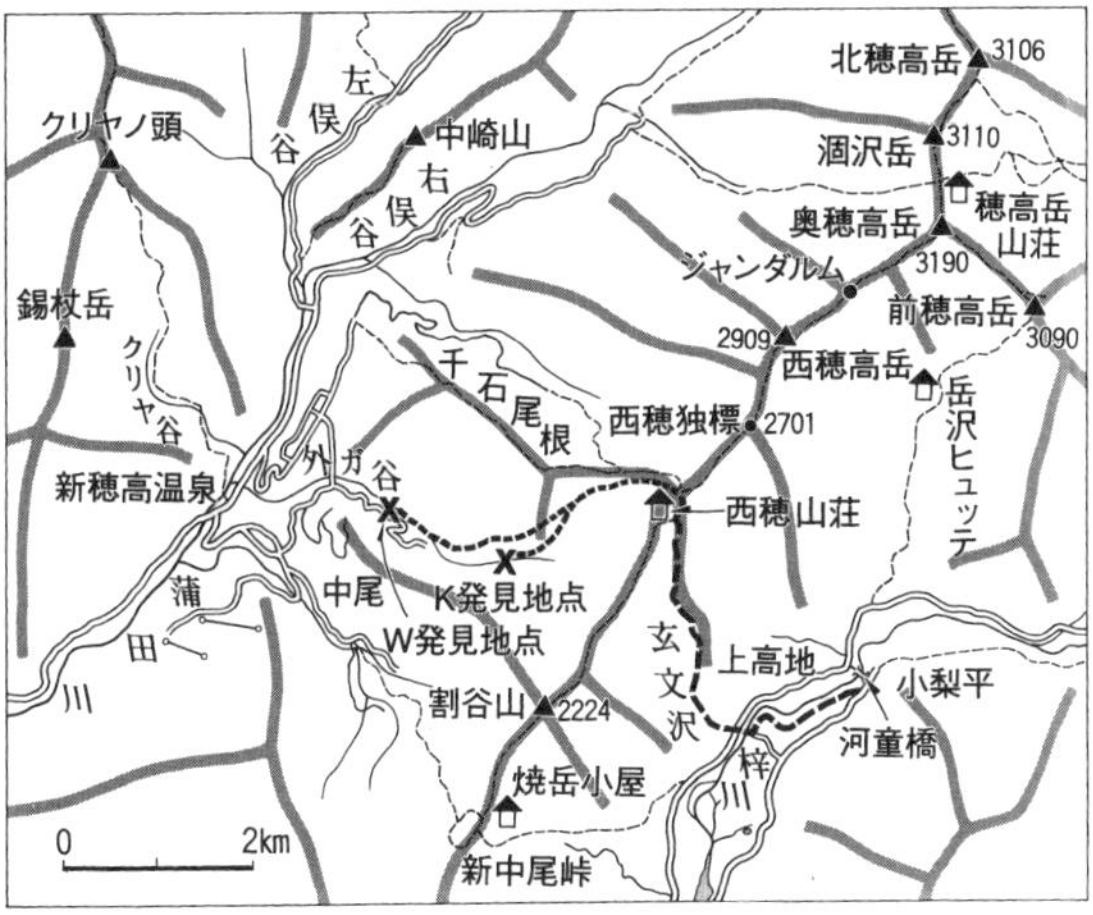

には打ち切られていた。そこへ飛び込んできたのが、Wが自力下山したという知らせであった。再び捜索隊が組織され、Wの証言から今度は岐阜県側の外ガ谷を中心に捜索が行なわれることになった。しかし十六日は成果なし。十七日、現場一帯は朝から激しい雨に見舞われ、わずかに残っていた希望は断たれたかのように見えた。

翌十八日、この日の日没までに発見できなければ捜索打ち切りという決定がなされたなか、捜索隊は最後の捜索へと向かった。そして午後二時過ぎ、とうとう隊員のひとりが外ガ谷の上流の滝の上にいるKを発見したのである。

そのときKは岩の上に腰をかけ、寄ってくるハエを手にした小枝で力なく追い払っていた。捜索隊員は、いきなり声をかけると驚いて滝下に転落する怖れがあると考え、そっと近づいていって二メートルほど離れたところから初めて声をかけた。その小さな呼びかけにゆっくりと振り返ったKは、捜索隊員の姿を認めてこう言った。

「助けに来てくれたのですか。おじさんの顔が神様みたいに見えます」

この遭難事故は、Kがわずかなチョコレートによって命を支えていたことから、〝奇跡の生還〟としてテレビや新聞、週刊誌などで大々的に報じられた。山をまったく知らないふたりの女性がほとんど無防備の状態で山に入り、途中で離れ離れになりながらも、ひとりは九日間、もうひとりは十一日間を生き延びたというドラマ性にマスコミが着目し、一般の人々が惹きつけられたのだ。

なお、この遭難事故には後日談がある。

事件の翌年の一九六九（昭和四十四）年五月、ふたりの女性が「西穂高岳の遭難現場を見にいく」と自宅に書き残して、上高地から西穂高岳へと入山した。だが、彼女たちは二度と帰ってこなかった。土砂に埋もれたふたりの遺体が外ガ谷の上流部で発見されたのは、行方不明になってから一年以上が経過した、翌年七月のことであった。

＊

岐阜県警山岳警備隊の隊員のひとりから西穂高岳の遭難事故の話を聞いた数年後、今度は長野県警山岳遭難救助隊の隊員から、やはり同じような話を聞く機会があった。

それは一九八六（昭和六十一）年九月二十六日、日帰りで中房温泉から燕岳に登ろうとしたふたりの女子大生が行方不明になるという事故であった。この日、ふたりは朝の六時三十分に中房温泉を出発、十一時三十分ごろには燕山荘に到着したが、燕岳へ向かう途中で野生のブルーベリーをとるのに夢中になり、大幅に時間をロス。燕岳の山頂に立ったとき、時刻はすでに午後二時を回っていた。

当初の予定どおり、燕岳からは北燕岳、東沢乗越を経由して中房温泉に至るルートを下り始めたのだが、案の定というか、本格的な登山の経験がほとんどないふたりは途中から正規のルートを外れ、深く険しい沢へと迷い込んでいってしまった。

「おかしい、おかしい」と思いながらも、ふたりは下り続けることをやめなかった。途中に何箇所も現われた滝は、飛び下りるようにして越えていった。しかし、大きな滝の上に出たところで、とうとう進退窮まってしまう。その後、ふたりはほとんど移動せず、ほぼ同じ場所にとどまって、ただひたすら救助を待ち続けるのである。

わずかな食料は途中で尽きた。ひとりは初日に滝から転げ落ち、骨が見えるほどの傷を膝に負っていた。日が経つにつれ幻聴が聞こえるようになり、幻覚症状も現われた。ときにはふたりの間に心理的な葛藤も生じた。絶望感に襲われ、家族の者や友人らに宛てて何通もの遺書を書いた。だが、ふたりは生きることへの望みを最後まで捨てなかった。

待ちに待った救助のヘリコプターが現場にやってきたのは、道に迷ってから一週間が経った十月二日のことであった。現場は深い樹林帯のなか。そこに迷い込んでいる人間をヘリから見つけ出すのは至難の技である。が、ヘリの姿を認めたふたりは、かたわらの木の幹にしがみついて精一杯の力で揺さぶった。「私たちはここにいる」と知らせるために。

午後一時三十分ごろ、救助ヘリから現地本部に無線連絡が入った。

「木の小枝が動いています。ふたりが木に登って揺すっているのを発見しました」

ふたりの生への執着が、ヘリに搭乗していた救助隊員に通じたのだった。

この話を聞いたとき、生還したふたりがのちにしたためた手記もいっしょに見せてもらうことができた。その手記には、サバイバルの日々の状況とふたりの心理状態が事細かに記録されていた。長くなるが、次は手記からの引用である。

〈もしものことを考えて二人で両親宛に遺書を書いていた。「心配をかけてごめんなさい。どうしたらいいのかわからず、ひょっとしたら死ぬかもしれません。ヘリを待つしかないのだけれど、来てくれそうにもありません」という内容の遺書だった〉

〈しばらく休んでから、また遺書を書いた。今度は家族ひとりひとりと大阪の友達に宛てて書いた。私がS大へ行きたいと言ったとき、父を説得し、親戚の反対を押し切って協力してくれたのは母だった。あの母のことだから、父の前で顔を上げられず、自分で自分を責めているのではないだろうか。食事も喉を通らず、ふらふらになっていやしないか。人前で泣けずにきっときついい思いをしていることだろう。父や母にそんな思いをさせてしまった自分が情けなく、許せなかった。せめて無事でいることを知らせたく、聞こえるはずがないと知りながら大声で何度も叫んだ。

そして、何度も謝った〉
〈いつの間にか眠っていて、気がついたら朝だった。「あれ、生きている」。そんな感じだった。また遺書を書き出した。今度は誰にというものではなく、ひとりごとのような遺書だった。「死にたくない」としたためた〉
〈夜が明けても私たちはやはりまだ生きていた。天気は回復していた。こうして朝を迎えることに、そしてヘリを待つことにすっかり慣れてしまい、このまま今日も終わって明日が来るような気がした。明るくなれば緊張も解けるので、今夜のために、明日もまた生きるために少し寝た〉
〈案の定、ヘリが下方から近づいてきた。だんだんと音が大きくなり、ついにその姿が見えた。今度は通りすぎたりしないで、ゆっくりとこっちに向かって飛んでくる。精一杯の力で木を揺すり、手を振って叫んだ。どうか届いてくれ、どうか助けてくれ、心からそう願って〉(以上、『ザイルをかついだお巡りさん』=山と溪谷社刊=より)

この手記を見て思い出したのが西穂高岳の遭難事故であった。外ガ谷に迷い込んだふたりの女性は、生と死の狭間を行ったり来たりしながらなにを思っていたのだろうか。そのときになって初めて、ギリギリにまで追いつめられていたであろう、ふたりの気持ちを想像してみた。

＊

山で遭難しながらも生還を果たしたという登山者のニュースが気になり出したのは、このときからだ。そして過去のそうした事例を振り返ってみたときに、まず真っ先に思い浮かんだのがミニヤコンカにおける松田宏也のケースだった。

一九八二（昭和五十七）年春、市川山岳会隊の一員として中国領ヒマラヤのミニヤコンカ（七五五六メートル）への遠征登山に挑んだ松田宏也（26歳）は、頂上を目前にしながらも悪天候に阻まれて登頂を断念、決死の下山の末に奇跡の生還を果たした。

十八日間という日数を要したその下山は、凄絶を極めた。途中でパートナーを失い、両手両足を凍傷に冒され、何度も意識を失いながら、松田は這いずるようにして下山を続けた。結局、ボロボロになりながらもなんとか山麓までたどりつき、現地の農民に救出されたのだが、遠征前には六二キロあった体重はその約半分の三二キロにまで落ちていたという。また、一命はとりとめたものの、下山時に負った凍傷がもとで、両手の指すべてと両足の膝下から先を失うことになってしまったのである。

松田の手記『ミニヤコンカ奇跡の生還』（山と溪谷社刊）を開くたびに思わずにはいられない。人間の生へのすさまじいまでの執念というものを――。極限下の状況で発揮される、開き直ったときの人間の強さというものを――。

松田のケースと比べてみると、西穂高岳や燕岳の遭難事故も色褪せて見えてくるような気がする。それほどまでに松田の体験は凄絶である。

しかし、松田と彼女たちとでは、山の技術も経験も知識もまったく違う。そもそも山に対する姿勢からして異なっている。それを考えずに、どちらの状況が厳しかったということを論ずるのは無意味であろう。

おそらく彼女たちは、よもや自分たちにそんな災難が降りかかってくるなどとは夢にも思っていなかったはずである。だからこそ慌てふためき、取り乱してパニックに陥った。あるいは理不尽さを感じたかもしれない。なぜ自分がこんな目に遭わなければならないのか、と。私は、彼女たちが置かれていたのも一種の極限状況下であり、彼女たちにとってそれは間違いなく凄絶な体験だっただろうと思うのだ。

西穂高岳や燕岳の遭難の要因のひとつには、当事者たちが山に関してまったくの素人か、ほとんど素人同然だったということもあるかもしれない。だが、誤解を恐れずに言うなら、遭難という危機に対する管理能力を備えた登山者が、いったいどれだけいるというのだろうか。

もちろん、ある程度の経験を重ねた登山者なら、どんな山登りであれ危険とは無縁ではいられないことをよく知っている。そこで彼らは自分の実力に見合った山を選び、事前に危険を回避しようとする。その点だけは、最初から山の危険というものに対して無防備であった彼女たちとはたしかに異なる。しかし、回避しようとしていながらも、さまざまな要因から意図せずに危機的状況に陥ってしまうのはよくある話だ。そうなったとき、果たしてどれだけの人が冷静かつ的確に対処できるのか。私は、私自身をも含めた多くの人たちが、慌てふためき、取り乱し、理不尽な成り行きを天に嘆くような気がしてならない。

そういった一般登山者の〝生還〟は、先鋭的なアルピニストの〝生還〟とは明らかに違う。松田が行なったような海外における冒険的な登山には、いつ極限状況下に置かれてもおかしくないというリスクが常につきまとう。そしてそれに挑む者も、そのことを充分に承知している。だから彼らは、命がけとは言わないまでも、それ相応のものを懸けて困難な山に挑む。困難を克服するためにあえて危険を受け入れようとする彼らには、万一極限的な状況に追い込まれたときの覚悟ができているように思うのだ。しかし、一般の登山者にはそこまでの覚悟がふつうはできていない。そのことを考えると、〝山岳遭難からの生還〟という点では一致するものの、西穂高岳や燕岳の遭難事故と松田のケースをやはり同列には扱えないと思う。

＊

ともあれ、私は山で遭難しながらも生還した人々に関心をもった。それもバリバリのアルピニストではない、ふつうの登山者の生還に。

仕事の合間にこつこつと国内の山に登っている、ごくふつうの山好きな人たち。個人の楽しみや健康のため、ささやかな趣味としての山登りを実践している登山者たち。彼らが予期せぬアクシデントに見舞われ、絶対絶命の状況に追い込まれたとき、そこでなにを考え、どう行動するのか。その結果として力尽きて死んでいく者と九死に一生を得る者との差はどこにあるのか。生きて帰ることのできた者は、どのようにして生をつなぎとめていたのか。私はただそれを知りたいと思った。

山の極限状況下を生き抜いた、名もなき人々へのインタビューはこうして始まった。

思い込みの落とし穴

北アルプス／南岳

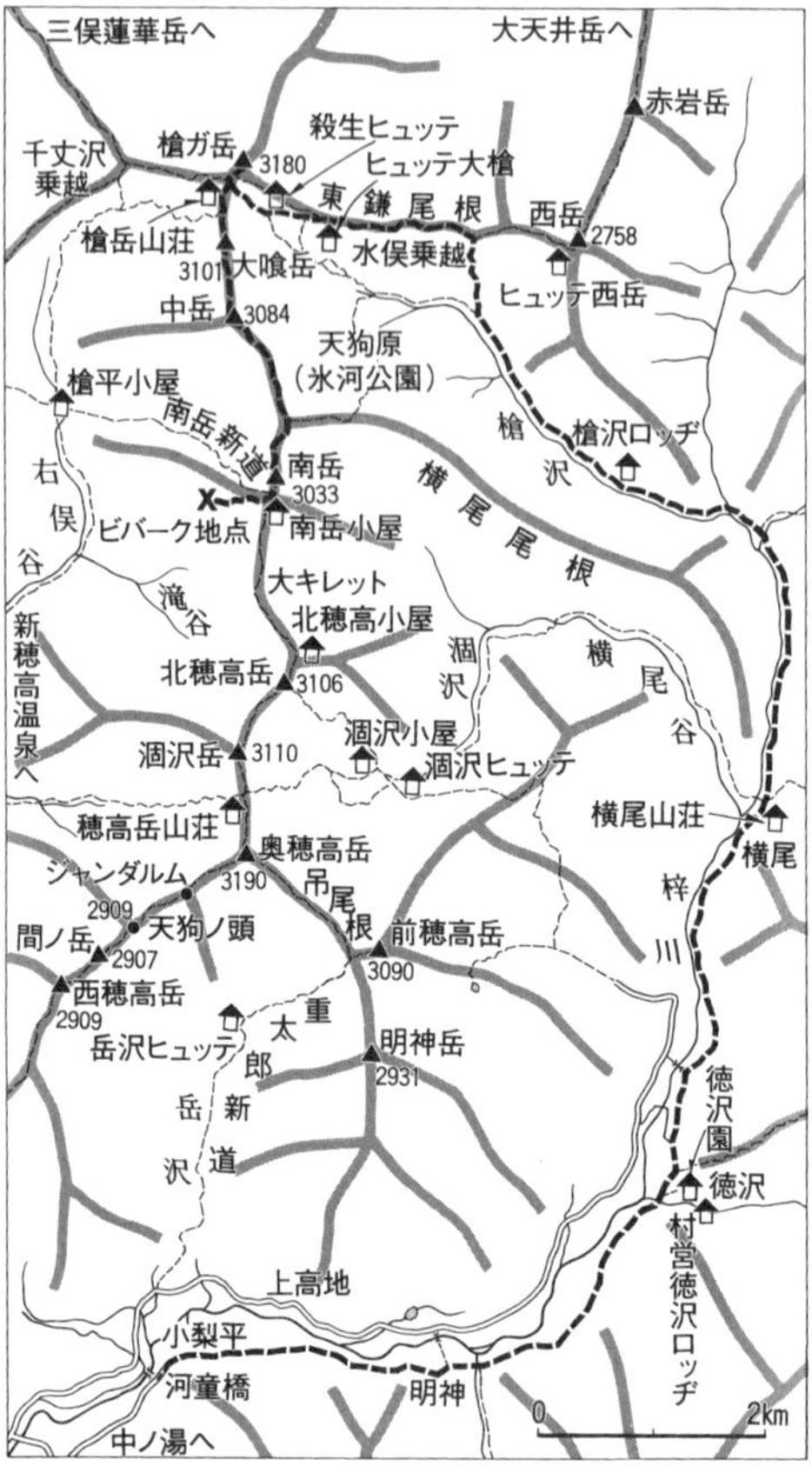
三俣蓮華岳へ
大天井岳へ
赤岩岳
殺生ヒュッテ
ヒュッテ大槍
槍ガ岳
3180
千丈沢
乗越
東鎌尾根
西岳
2758
槍岳山荘
3101
大喰岳
水俣乗越
ヒュッテ西岳
中岳
3084
天狗原
（氷河公園）
槍平小屋
南岳新道
槍沢
槍沢ロッヂ
南岳
3033
右俣谷
ビバーク地点
南岳小屋
横尾尾根
大キレット
滝谷
北穂高小屋
新穂高温泉へ
涸沢
横尾谷
北穂高岳
3106
涸沢岳
3110
涸沢小屋
涸沢ヒュッテ
横尾山荘
横尾
穂高岳山荘
奥穂高岳
ジャンダルム
3190
吊尾根
梓川
2909
天狗ノ頭
間ノ岳
2907
前穂高岳
3090
西穂高岳
2909
重太郎新道
岳沢ヒュッテ
明神岳
2931
徳沢園
岳沢
徳沢
村営徳沢ロッヂ
上高地
小梨平
河童橋
明神
中ノ湯へ
0
2km

1

「このときは最初からちょっとおかしかったんですよ」と、君島基之(55)は言う。

君島が新宿発上高地行きの夜行バスに乗ったのは、一九九七（平成九）年十月七日の夜のこと。山中二泊三日の行程で、槍ガ岳から穂高を単独で縦走する予定であった。

上高地到着は翌朝の五時三十分。それから歩き始めて明神館が六時三十五分、徳沢園七時二十五分着。ここで朝食をとりながら一時間の休憩。そして横尾山荘が九時十三分着。行動記録を手帳にこまめに書きつけるのは、いつもの習慣であった。

「まあまあのペースだったと思うんですよね。僕が槍・穂高方面に入るときには、いつも横尾までの調子を見て、計画を変更するかどうか最終的に判断するんです。あまり調子がよくないから涸沢まで行って下りてこようかな、とか。で、このときは調子がよかったんで、最初の計画どおり槍に登ることにしたんです」

横尾を出発してしばらくして、四十歳ぐらいとおぼしき単独行の女性が、「ご一緒させてください」と君島に声をかけてきた。このコースは初めてのようだった。ポツポツと雨が降りだしていたので、不安を覚えたのだろう。

君島はこれを承諾した。雨具を着込んだふたりは槍沢のルートをたどり始めた。登るに従い、雨脚はしだいに強くなっていった。十時五十五分、槍沢ロッヂに到着したときには、雨はすでに本格的なザアザア降りとなっていた。

ロッヂで三十分休憩をとって再び歩き出したが、三十分ほどで雨は雪に変わった。風は強く、視界も悪い。吹雪といっていい状況だった。

同行の女性が「吹雪がひどいので、私はやっぱり下ります」と言い出したのは、水俣乗越への分岐のちょっと手前に差しかかったあたりだった。君島は、「それも無理はない」と思った。もしこれが初めてのコースだったら、自分も引き返していただろう。引き返さなかったのは、過去に何度も通ったことのあるルートゆえ、悪天候下でも間違わずにたどれる自信があったからだ。

ちょうどそのとき下山してきた登山者がいたので、その人に女性を任せることにして、君島はひとり上をめざした。

水俣乗越に出るころには吹雪はいっそうひどくなり、稜線上には五センチほどの積雪が見られた。視界もほとんどきかなかった。疲れはあまり感じていなかったが、慎重に行動していたため、どうしてもペースは遅くなった。

吹雪のなか、ようやく槍ガ岳殺生ヒュッテにたどりついたとき、時計の針は午後四時三十分を指していた。

早々に中に入ろうとしてドアに手をかけた君島は、ドアにカギがかけられていることに気がついた。しかし、小屋がクローズしているはずはない。この時期に営業していることは出発前に確認していたし、登ってくるときにすれ違った登山者も、「殺生ヒュッテで休んできた」と言っていた。

ところが、いくらドアを叩いても誰も出てこないのである。小屋の中の灯も消えていた。

「この吹雪ではもう客も来ないだろうと思って酒でも飲み始めたのだろうか。それにしてもまだ四時半なのに、これだけドアを叩いても出てこないというのはちょっとおかしいんじゃないか」

そう思いながら、これからどうするかを考えた。この先の槍岳山荘までは、殺生ヒュッテから約四十分の所要。たいした距離ではない。当初の予定でも、この日は槍岳山荘に泊まるつもりだった。吹雪なので気乗りはしないが、殺生ヒュッテに泊まれないなら槍岳山荘まで行くか……。

そんなことを考えていたときに、ヒュッテの脇に建つ発電小屋が目にとまった。出入口にはカギがかかっていなかった。ドアを開けて中に入ると、自家発電機のツンとした重油の臭いが鼻をついた。

さて、吹雪のなかを四十分歩いて快適なねぐらを確保するか、あるいはここで寒さと重油の臭いに抱かれて一夜を過ごすか。結局、君島は後者を選んだ。

「なんでかなあ。自分でもよくわからないけど、なぜか気分的にそこで泊まろうっていう気になったんですよね」

すきま風が吹き込む発電小屋の中で、君島は裸になって体の汗をていねいに拭い、新しい下着に着替え、その上からトレーナーを着て、さらに薄手のダウンジャケットを羽織った。食欲はあまりなく、自宅から持ってきていたおにぎり一個と軽い行動食で夕食を済ませた。小屋泊まりの装備なので、シュラフは持ってきていない。寝るときには発電小屋の中にあったブルーのシートを被った。

君島が「最初からちょっとおかしかった」というのは、この出来事を指す。今振り返ってみれば、直接的な因果関係があるのかないのかはわからないが、この小さなトラブルが、のちに降りかかってくる重大なトラブルの予兆のように思えるのだった。

2

君島は一九四二（昭和十七）年、東京都大田区の生まれである。山登りを始めたのは高校生のときからで、仲間とともに山岳部を創設し、冬はスキー、夏は登山に親しんだ。大学時代にはワンダーフォーゲル部に所属、無雪期に縦走を中心とした活動を行なっていた。

大学卒業後は家業の文具・事務用品兼玩具の店を営みながら、年に三、四回は山に足を運び（途中、何度かブランクはあったものの、すぐに再開していた）、現在もこのペースで山登りを続けている。これまでに歩いた山は、丹沢、尾瀬、早池峰山、南アルプス、北アルプスなど。そのなかでもとくに好きな山域は北アルプスだという。また、大学時代に長蔵小屋の仕事を手伝った関係から、今でも尾瀬には頻繁に通っている。

働き始めてからの山行は、自営業で休みが平日のため、単独行がほとんどである。

「ひとりのほうが気楽だし、自分のペースに人を巻き込まなくてもすむし。自分の調子を見ながらコースを変えることもできますしね」

一回の山行期間はたいてい二、三日。「人のケツを見ながら登るのはイヤ」だから夏山はやらない。人のいない静かな山が好きなので、山行は春と秋に集中している。

冬山の経験はないが、春と秋に山に登れば雪に見舞われることも少なくない。日本の登山史上に残る遭難事故、一九八九（昭和六十四）年十月の立山における中高年登山者の大量遭難が起こった前日、奇しくも君島は遭難したパーティと同じコースをたどっている。

このときは立山の紅葉を楽しみに出かけたのだが、立山三山を縦走して劔御前小舎まで来たときに雪が降ってきた。当初の予定では、大日岳を越えて称名滝へ下山するつもりであった。天候の悪化に備え、いちおうピッケルとアイゼンも持ってきていた。が、君島は計画を変更し、最短の下山ルート、雷鳥沢を下りたのだった。

春と秋、天候しだいで山は突如として冬の装いとなる。ひとたび山が冬の様相を呈すれば、おだやかな春秋の陽気しか想定しえない登山者はひとたまりもない。今も昔も春と秋に遭難事故が多いのは、「よもやこの季節に吹雪になるとは」という無知と油断が登山者の間にはびこっているからだ。

その点、少なくとも君島には「春山と秋山は油断ならない」という認識があった。毎年この時期に山に登りながら、一度も危機に直面したことがなかったのは、状況しだいで計画を変更する柔軟さ、早め早めの判断で安全策をとろうとする慎重さを持ち合わせていたからだろう。

しかし、それでも事故は起こるのである。

殺生ヒュッテの発電小屋に泊まった翌朝六時、ガタガタとドアを開ける音で君島は目を覚ました。夜間の寒さは思ったほどではなく、前日の疲労を回復させるだけの睡眠をとることはできた。発電機を回しに来たヒュッテの従業員は、ひとけのないはずの小屋に闖入者がいるのを見て、

「誰だ」と驚きの声を上げた。

「おいおい、『誰だ』じゃないだろう。昨日、いくらドアを叩いても出てこないから、ここで寝たんだよ」

君島が事情を説明すると、従業員はひどく恐縮しながらこう言った。

「すいません。あんまり雪の吹き込みがひどいもんで、もうお客がないと思ったから閉めちゃったんです」

この日は前日とは打って変わり、朝から快晴の天候となった。作ってもらったカップラーメンを腹に収め、ヒュッテを出たのが八時四十分。途中、槍岳山荘で小休止し、十時二十分には槍ガ岳山頂に立った。

山頂をあとにして再び槍岳山荘に立ち寄った君島は、山荘の公衆電話から自宅に電話を入れて

いる。電話が設置されている小屋に着いたら必ず家に連絡をする――それは単独行の多い君島が家族を安心させるため、ひいては自身にもしものことが起こったときのために、長年実践してきたことであった。

このときの電話で、君島は「これから行く小屋（南岳小屋のこと）には電話がないと思うから、下りたら電話するよ。十日には下りるから」と妻の素子に言っている。素子もまたこの電話のことをよく覚えている。

「前の日は天気が悪かったけど、今日はすごく天気がよくて、槍ガ岳に登ったら眺めがよかったって言ってました。私は『これからどっちに行くの』とも聞かずに、『じゃあ気をつけてよ』って言ったんですけど」

電話を終え、十一時三十五分に槍岳山荘を出発。登山道には一〇〜二〇センチ、吹きだまりには四〇〜五〇センチの積雪があったが、危険を感じるようなことはなく、午後四時前には南岳小屋に到着した。

当初の計画では、翌日そのまま稜線を穂高まで縦走し、ザイテングラートを通って上高地へ下山するつもりでいた。しかしその晩、小屋の者に登山道の状況を尋ねると、「稜線には雪がだいぶ張りついているから危ないですよ」と言われ、君島の気持ちは揺れ動いた。

もし穂高へ縦走しないのなら、考えられるルートはふたつあった。ひとつは稜線を槍ガ岳方向へ少しもどって氷河公園経由で槍沢を下りるルート。もうひとつは、南岳新道を通り、槍平小屋を経て新穂高温泉へと下るルートである。が、氷河公園を経由するルートでは、前日に転落事故があったと南岳小屋で聞いていた。また、往路と同じ槍沢を下ることになり、おもしろみに欠ける気もした。かたや新穂高温泉へ下りるルートには、下山後に温泉に入れるという魅力があった。

それまでの山行においても、君島は山を下りてから温泉で汗を流すことを楽しみのひとつにしていた。時間が許せば、のんびりと温泉宿で一泊して帰ることもあったほどの温泉好きであった。さしたる迷いもなく計画を変更し、新穂高温泉へ下ることを決めたのは、自然の成り行きであったといえよう。

だが、安全策をとったつもりの計画変更が、結果的には危機的状況を招くことになる。あるいはその遠因は前日のトラブルにあったのかもしれないと、今になって君島は思う。

「もし前の日にちゃんとヒュッテに泊まれていれば、この日は北穂高小屋まで行っていたかもしれないですね。でも、発電小屋で寝たということで、朝ゆっくりしてしまって……。ふつうだったら、もっと早く出ていたと思うんです」

前夜、殺生ヒュッテにちゃんと泊まれていたとして、またこの日は朝早く出発できていたとして、はたして北穂高小屋まで行けたかどうかは時間的に微妙なところだろう。結局は南岳小屋泊まりになって同じ結果を招いていたかもしれないし、北穂高小屋に泊まって翌日は何事もなく下山していたかもしれない。あるいは北穂高小屋へ向かう途中でスリップして命を落としていたかもしれない。

「たら」「れば」が通用しないのは、なにも勝負事の世界だけではない。

3

翌十日は六時前に起床、七時十五分に小屋を出た。天気は曇りである。

ここに一枚の写真がある。出発前に小屋の人に頼んで写してもらった記念写真だ。笠ガ岳を背景に、君島がこちらを向いて立っている。斜面にはうっすらと雪が積もり、右手には槍平への標識が見える。

この標識に従って下りていれば、なにも起こらないはずだった。ところが君島は、小屋のスタッフに「そこを下りていけばいいから」と言われていたにもかかわらず、なにを思ったのか左手のハイマツ帯のほうへ入り込んでいってしまう。「どうしてかわからないんですよね。ちゃんとその標識を見ているんだから。ハイマツ帯のなかを行っても同じだろうと考えちゃったのかなあ」

自分のとった行動をうまく説明できずに、君島はいまだに戸惑っている。山では人一倍慎重だったはずの男が陥った、エアポケットのような落とし穴。おそらくは無意識的な行動だったのだろう、としか言いようがない。とにかく、ボタンは最初からかけ違えられていたのである。

間もなくしてハイマツ帯は急なガレ場となった。「あれっ、おかしいぞ」という思いがチラッと頭をよぎった。しかし、すぐに古いロープが現われた。ロープは垂直の岩場に固定されていて、それを伝って下りられるようになっていた。ロープは一カ所だけではなく、数カ所に張られていた。だったら間違いないだろうと気をとりなおしてなおも下り続けた。

「数年前にこのあたりで遭難したパーティがある。たぶん彼らが張ったロープだろう」という話を聞かされたのは、救助されたあとのことだ。

ロープがなくなると、再び急なガレ場となった。南岳小屋の人には「多少キツい下りだよ」と言われていたが、それにしても滑り落ちるような急斜面である。「おかしい、やっぱり変だ」「でももうちょっと下ってみよう」――その際限ない繰り返し。山で道に迷う典型的なパターンである。

南岳小屋から槍平までの標準コースタイムは約三時間。しかし、三時間以上が経過しても槍平に着きそうな気配はまったくない。半信半疑のまま急な岩場を下り続けること五時間、断崖絶壁の上に行き着いて君島は行動を停止する。このときになってようやく、道に迷ったことを悟ったのだった。

君島が迷い込んだのは、険しい滝谷の岩場であった。そこは滝の落ち口のようになったところで、幅五、六メートル、長さ六、七〇メートルほどの細長い緩斜面のガレ場になっていた。一方の端は断崖絶壁、もう一端は立ちはだかる壁である。断崖絶壁の高さは三、四〇メートルほど。その上からは、下方に蒲田川右俣谷の流れが見えた。

断崖は無理して下りれば下りられそうにも思えたが、下のほうは樹林に隠されていて様子がうかがえない。たとえ途中まで下りられたとしても、そこから下が絶壁になっていたらどうしようもない。もし樹林の中に入り込んで進退窮まれば、捜し出してもらうのも困難になる。

では逆に登り返すのはどうかと考え、下ってきた岩場を見上げてみたが、とても登れるようには見えなかった。岩登りの経験がない自分が無理してそこを登り返し、もし転落でもしたら……。その恐怖のほうが勝った。一般に、岩は登るよりも下るほうが難しいといわれるが、下りてきたときは一心不乱だったのだろう。

そのときの行動記録にはこう書かれている。

「十二時十五分、行動中止。登ることも下ることも不可能」

絶壁の端と壁の基部との間を何度も行ったり来たりしながら、君島はどうするべきかを懸命に考えた。

「やっぱり思いきって登り返してみようか」

「いや、ザックを放り投げて空身で崖を下りよう。少しぐらい落ちたって、下には雪があるから大ケガはしないだろう」

さんざん逡巡したすえの午後一時三十分、君島はそこでビバークをして救助を待つ決断を下す。この日の晩から再び天候が崩れそうだという話は、南岳小屋を出発するときに聞かされていた。ならば天候が悪化しないうちに、どうにかして状況を打開しようとするのが人情というもの。まして、まだ充分に行動できる時間帯である。なのに君島はあえて〝待ち〟に出た。なぜか。

「無理して登り返して足を折っちゃったり、逆に下に降りて樹林帯のなかに入り込んだりしちゃったら、救助してもらうのが不可能になるんじゃないかと思いまして。それに今の時期だったら、いくら天候が悪くなっても、真冬じゃないんだから三日もすればよくなるだろうと。だったらじっと耐えて待っていようと判断したんです」

ビバークを決めた君島は、ガレ場のどん詰まりの壁の基部、落石の直撃を受けないオーバーハングの下をねぐらに定め、悪天候に備えて石を積み始めた。雪と風を避けるためである。ねぐらの形は長方形で、人間ひとりが横になれる広さを確保した。石積みの高さは座ったときに首が出る程度。風が入り込まないように隙間を雪と小石で補強し、下を平らにならした。屋根には棒切れを渡して濡れたウェアを乗せ、やはり小石と雪で固めた。

この時点で持っていた食料は、おにぎり二個、非常食のマンゴ、プルーンの袋詰め、ウイスキーボンボン一袋、チョコレート一袋、アメ玉一袋。水は岩場をかすかに流れていて、カップを置いておけばそれに溜まったし、つららもあった。

「だから十日間は生き延びるつもりでいました」

その間には間違いなく捜索願いが出される。要請を受けてヘリコプターが飛べば、視界をさえぎるものがない断崖絶壁の上のこと、絶対に見つけてもらえるという確信があった。

ビバークの態勢を整えたあと、絶壁の端まで行ってみると、山並みの向こうの空は紅色に染まっていた。その美しさは、ひとときとはいえ遭難していることを忘れさせてくれた。気がついたら何回もカメラのシャッターを切っていた。

予報どおり、山はその夜から吹雪になった。アンダーウェアにトレーナーの上下、長袖のシャツ、行動用のズボン、薄手のダウンジャケット、そして雨具と、君島は着られるものをすべて着込み、ザックの中に足を突っ込んで寒さに耐えた。暑さ寒さには強いほうだと自負していたが、標高三〇〇〇メートル近い高山での吹雪のなかのビバークは、さすがにこたえた。気温はマイナス十度ぐらいにはなっていたのだろう。水筒の水がすぐに凍ってしまうので、凍らないようにダウンジャケットの懐に入れて少しずつ飲んだ。

石積みの中で横になり、ウトウトしては目を覚ますことを何度繰り返しただろうか。そのたびに時計に目をやるが、時間はわずかしか経っていない。少しでも暖をとるため、あるいは不安と孤独を打ち消すために、持っていた槍・穂高のガイドブックを一枚ずつ破いてはライターで火をつけた。ストーブを持ってきていなかった君島がライターを持っていたのは、習慣的にタバコを吸うからだ。だが、いくら小さな炎で気をまぎらわそうとしても、時は遅々として進まない。これほど夜が長く感じられたことはかつてなかった。

翌十一日、目を覚ますとあたりは一面のガスだった。吹雪は夜中のうちに収まったようだった。下山予定日は昨日。連絡がないことを、家族の者は心配しているに違いない。捜索願いを出すとしたら今日か明日か。しかし、たとえ今日のうちに捜索願いが出されたとしても、このガスではヘリも飛べないだろう。

そんなことをつらつらと考えながら、一日を石積みのなかで横になって過ごした。あたりに落ちていた細い枯れ枝を拾い集めてきて火を起こそうともしたが、芯まで凍りついているようで、どうやっても点火することはできなかった。

昼間、絶壁の端まで行って、前日と同じように下を覗き込んでみた。思い切って下りてみるか……。気持ちはまだ揺れ動いていた。

4

妻の素子は、下山予定日の十日に君島から連絡が入らないことをいぶかしく思っていた。これまで山に行っても、公衆電話があるところからは欠かさずに電話をかけてくる夫だった。下山すればしたで、必ず連絡が入った。

「山から下りたあとで温泉にでも泊まったのだろうか。それにしても電話くらいはあるはずだ。あるいは下まで下りられずに途中で一泊しているのか」

湧き上がる不安を次男と娘に話してみたが、「お父さんのことだから温泉に入って、電話をかけるのを忘れているんじゃない」と受け流された。「いや、今までそんなことはなかった」と心の中で反論したが、そのときは無理矢理、自分自身に言い聞かせた。「下山がちょっと遅れているだけ。明日になればきっと連絡があるから」と。

しかし、翌十一日の昼近くになっても電話は入らなかった。いよいよこれはおかしいと思ったが、どこに尋ねてみればいいのかわからない。そこでふと思い出した。夫が最後に電話をかけてきたのが槍ガ岳の山小屋からだったことを。さっそく本屋に行ってガイドブックを購入し、連絡先を調べて槍岳山荘に電話をかけてみた。だが、返事は「うちに泊まっていたのならともかく、ちょっと休憩に立ち寄っただけの方までは把握のしようがない」とのこと。「ご心配でしたら、長野の豊科警察のほうへ電話してみてください」と言われ、続いて豊科警察署の番号をダイヤルした。

素子から事情説明を受けた豊科署は、登山届出カードをチェックしたが、君島からのものは提出されていなかった。調べで九日の夜に君島が南岳小屋に泊まっていたことは判明したものの、「まだそんなに時間が経ってませんから、なにかの都合で遅れているかもしれません。もし連絡があったら警察のほうにすぐ知らせてください」ということで、とりあえずはもう少し様子を見ることになった。

雪は十一日の夜もパラパラと舞った。前日同様、君島はウトウトしながら十二日の朝を迎えた。

天気は曇り。徐々にだが回復に向かっているようだ。

ビバーク中、いちばん困ったのはトイレの問題だった。食料をほとんど口にしていないせいで大きいほうは出なかったが、夜中に冷えるため、おのずと小便は近くなった。しかし、そのたびにいちいち外に出るのは面倒だったので、横になったまま下の石をどけて用を済ませ、その上にまた石を乗せておいた。

何時ごろだったかはっきりと覚えてはいないが、昼間、石積みのなかでゴロゴロしているときに、ヘリコプターの飛ぶ音が聞こえてきた。慌てて石積みを飛び出して断崖の端まで行き、棒に赤いシャツを巻きつけたものを振った。捜索時に発見されやすいようにと、あらかじめ用意しておいたものである。

しかし、雲に阻まれてヘリの姿は見えない。ヘリの音もこちらに近づいてくる気配がない。どうやら自分を捜しに来ているヘリではないようだった。「ほかでも遭難があったのだろうか」などと考えているうちに、ヘリの音は遠ざかっていってしまった。

ちょうど同じときに滝谷で遭難があり、その捜索のために十二日にヘリが飛んだという話を、後日になって聞かされた。

その夜、君島はまどろみながら夢を見た。君島が今いる岩場の内側になにかの秘密工場があるという夢だった。「朝になったら、岩を開けて入ってこい」という声を、夢のなかで君島はたしかに聞いた。

「願望だったんでしょうね。ここから脱出したい、家に帰りたいという」

十二日になって、素子のもとに新たな情報がもたらされた。南岳小屋を出発する際に、小屋の者が「槍平小屋へ届けてくれ」と言って君島に手紙を預けたというのである。君島が帰らないことを心配した知人が、手を尽くして調べてくれた情報だった。

さっそく、素子はそれを豊科警察署に伝えた。

「わかりました。失礼ですがご主人は、手紙を預かったのに途中で気が変わっちゃうような人じゃないですよね」

「いや、そんな人じゃないと思います」

「じゃあ間違いなく槍平小屋へ下ったのでしょう。槍平のほうは岐阜の神岡警察署の管轄になりますので、今後は神岡署のほうとやりとりしてください。事情は説明しておきますから。こちらでも引き続き情報を集めます」

豊科警察署から連絡を受けた神岡警察署は、南岳小屋や槍平小屋の関係者、および登山届出のあった登山者らにあたって君島に関する情報を得ようとしたが、収穫はなし。南岳小屋はこの日が小屋仕舞いで、従業員が君島のことを捜索しながら南岳新道を下ったのだが、やはり手がかりは得られなかった。だがしかし、少なくとも南岳小屋から槍平小屋へ向かう途中で君島が行方不明になったことだけは判明した。だとすれば滝谷のほうに迷い込んだとしか考えられない、というのが関係者の一致した見方であった。

状況がだんだんと明らかになるにつれ、素子はいてもたってもいられなくなった。君島が下ったルートはそれほど難しいルートではないらしいが、現場にはかなり雪があるという。「もし落ちて雪に埋もれてしまっていたら、雪が溶けるまで発見できない。そうでなければいいが……」と言った警察官の言葉が頭にこびりついていた。

「そんな冷たい世界に閉じこめられちゃっていたらどうしよう」

考えはどうしても悪いほうへいってしまう。神岡警察署の担当者に「そちらへ行ったほうがいいですか」と聞いてみても、「まだ天候が悪いから本格的な捜索はできない。もうちょっとそちらで待機していてください」との返事。夫が生死の境をさまよっているかもしれないいなか、ただ待つことしかできないのがとてももどかしく感じられた。

だが、十二日の夕方遅くになって、ようやく事態は動き出す。「天候が回復しそうだから、明日の朝、ヘリを飛ばします。こちらに来られるようだったらいらしてください」という連絡が神岡警察署から入ったのである。

素子はその日の夜中の三時に東京大田区の家を出て、長男・康之の運転する車で一路、神岡に向かった。家を出るときに、素子は無意識的に君島の着替えを用意していた。康之はこのときすでに最悪のケースも考えていたが、君島の着替えをバッグに詰める母親に対し、なにも言うことができなかった。

長野側の天候は荒れ模様だったが、安房峠を越えると天気はしだいに回復してきて、青空も広がり始めていた。

「この青空だったら、なんとなく見つかるような気がするねえ。着いたら『見つかりましたよ』って言ってくれればいいね」

そんな話を康之と交わしていたのも束の間、北アルプスの白い峰が目に飛び込んできたとたん、希望の光明がスーッと消えていくのを感じた。

「あんなに雪が降ったんだ。もしかしたらダメかもしれないね」

思わず失望の言葉が口をついていた。

神岡警察署に到着したときは、ヘリによる第一回目の捜索が行なわれたあとだった。

「まだ見つかってません。午後にもう一度ヘリを飛ばしますから、それに乗ってください」

言われるまま、ふたりは新穂高にあるヘリポートへ車で移動し、岐阜県警のヘリに同乗して午後からの捜索を間近で見守った。

「やっぱり雪がたくさんあるからダメだろうって思ったり、逆に見つかるんじゃないかっていう気がしたり。いちばん上の稜線のほうまでは、天気が悪くて行かれなかったんです。いっしょに乗っていた救助隊員の方に、『ご主人はあのあたりの雲のなかにある小屋から、こっちに見える小屋まで下りるつもりだったんですよ』とか言われたりして……」

結局、二回目の捜索も空振りに終わった。ヘリから降りたふたりは、君島の生存をもう半ばあきらめていたという。

「だから息子と話していたんです。ヘリに乗せてくれたのは、『山の上はこういう状況だからあきらめたほうがいいですよ』っていう意味だったのかなあって」

その後、康之だけが警察の担当者に呼ばれ、今後の捜索をどうするか話し合った。天気予報は、翌日はまた午後から天気が崩れそうだと告げていた。

「ヘリが飛べるとしたら、明日の午前中が最後のチャンスだと思います。ただ、県警のヘリは山岳レスキュー専用の機体ではないので、行なえる捜索活動はどうしても限られてしまうんです。

その点、東邦航空のヘリは狭い場所や谷へも入っていけるんですけど、民間のヘリなので、頼むのでしたらちょっと費用がかかってしまいます。どうしますか？　はっきり言いまして、助け出される可能性は一パーセントあるかないかだと思います。その一パーセントにお金をかけてみますか？」

担当者は康之にそう言った。康之は反射的に「お願いします」と頭を下げていた。

警察をあとにした素子と康之はぐったりと疲れ果てていた。気力が萎え、動くことさえも億劫だった。

その夜、神岡の宿はどこも満室だった。神岡署の若い警察官があちこち電話をかけてくれたのだが、空室のある宿は一軒もなかった。最後に尋ねた宿でも「いっぱいです」と断られたのだが、事情を説明したら「なんとかしましょう」と言ってくれたのだった。

ようやく宿に落ち着いたふたりに、女将はこう言葉をかけた。

「絶対に大丈夫だから、今度はご主人といっしょに来てくださいね」

その優しい気遣いに、ついふたりは涙した。

十三日、君島は朝のうちに装備のパッキングをすませると、石積みを出て絶壁の端まで行き、石の上に座ってじっと救助を待った。

ヘリの飛ぶ音が聞こえてきたのは十一時ごろのことであった。蒲田川に沿って遡ってくるヘリの姿が、今度ははっきりと確認できた。ヘリの飛ぶコースからして、自分を捜していることは間違いないようだった。

君島はヘリに向かって懸命に赤いシャツを振ったが、ヘリの位置は遠く、なかなかこちらのほうには近づいてこない。結局、気づいてもらえないまま、ヘリは遠ざかっていってしまった。県警のヘリは性能的に山の斜面ギリギリに飛行できないという話を、君島は救助されたのちに聞かされた。

午後二時ごろ、この日二回目の捜索ヘリがやってきたが、やはり発見されずに終わった。そのヘリに妻と息子が乗っていたことを、もちろん君島は知らない。

遭難者の心境というのは、遭難して四日目ともなれば、「ほんとうに自分は助かるのだろうか」という疑念が頭をもたげてくるころではないのだろうか。まして二度におよぶヘリコプターでの捜索でも発見してもらえないとなれば、不安はいっそう高まると思うのだが、君島はほとんど不安を感じていなかったという。

「ていうのは、なんとか十日間は生き延びるんだと自分で決めていたことが大きかったんじゃないでしょうか。食料は十日分もなかったんだけど、水があったから、なんにも食べなくても三日四日は平気だと思っていたし。その間には必ず救助に来てくれるだろうと。もしパニックになって、毎日毎日が『もうダメだ』っていう感じだったら、無理して行動して最悪の結果になっていたと思うんです。だから十三日に発見されなかったときも、『ああ、見えないんだな。しょうがないなあ』と思った程度で……」

5

翌十四日、素子と康之は朝から神岡署に詰めていた。やはり天気は午後から崩れるとの予報で、もし午前中の捜索で発見できなければ絶望だろうとの覚悟はすでにあった。

待機している部屋で、ふたりは岐阜県警山岳警備隊によるレスキューのビデオを見ていた。見るからに危険そうな現場において、命がけで遭難者の救助にあたる隊員たちの活躍ぶりは、山を知らないふたりの目に「ほんとうに凄い」と映った。

そのビデオのなかで、警備隊の隊長が言っていた言葉――自分は山が好きだからこういう仕事をしている。登山者の方も当然、山が好きで登ってくるんだから、その好きな山で死んでほしくない――が、素子の印象に今も強く残っている。

「ビデオを見て思ったんです。そういう方たちがあんなふうにして捜してくれているんだから、たとえ見つからなくてもしょうがないって」

ビデオを見終わってしばらくすると警察官がやって来て、「東邦航空のヘリは現場に向かいました。もう捜索を始めています」と伝えた。以後、「なにか雪のなかに埋もれているものがあるけど、人かどうかはわからないそうです。今、確認しているところです」「どうやら人ではなかったようです」などと、現地から入ってくる情報が逐一ふたりに伝えられた。しかし、君島に関わる情報はひとつもなかった。刻々と過ぎゆく時間がとても長く感じられた。

午前十一時前、待ちわびた情報がとうとう飛び込んできた。「生存者がいた」という。だが、君島と確認されたわけではない。素子は康之に言った。

「お父さんだといいねえ」


十四日も君島は、朝から絶壁の端の石の上に座って救助を待っていた。十時半過ぎ、ほぼ昨日と同じ時間に、蒲田川に沿って飛んでくるヘリの姿が認められた。昨日来たヘリとは機種が違うことがすぐにわかった。昨日のヘリはかなり遠くのほうを飛んでいたが、この日のヘリは自分のほうにまっすぐ向かってぐんぐんと近づいてきた。

君島は夢中になって手を大きく振り続けた。間違いなく気づいてくれたようだった。「助かった」という思いが、初めて湧き上がってきた。

一九九七年十月十五日付の岐阜新聞は、発見時の様子を次のように伝えている。

「『ウォー、生きてるぞー』。県警山岳警備隊の谷口光洋巡査部長が叫んだ。ヘリコプター内の小石達人巡査長らは『まさか』と声を上げげた。谷沿いに上がるヘリコプターの正面に、両手を振る君島基之さんの姿が確認されると、乗員たちは互いに固い握手を交わし、〝奇跡の生還〟を間近にした喜びを爆発させた」

君島の生存を確認したヘリはいったんヘリポートに引き返し、しばらくして再びやって来た。救助に必要な装備を取りに帰ったようだった。ヘリから降りてきた隊員の「君島さんですね」という問いに、君島ははっきりと「はい、そうです」と答えた。


パタパタとこちらに向かって走ってくる足音が、素子の耳にこびりついて離れない。待機していた部屋でその足音を聞いて、素子は思わずパッと立ち上がっていた。本能的に「ああ、助かったんだ」と思った。

「君島さんでしたよ。生きてましたよ」

現場からの情報を伝えてくれていた警察官が、戸を開けるなり嬉しそうに言った。その言葉を聞いた瞬間、ぼろぼろと涙がこぼれてきた。そのときちょうど席を外していた康之ももどってきて、ふたりで喜びを分かち合った。半ばあきらめていただけに、喜びはいっそう大きかった。

君島は今にも車でこちらに向かっているとのことだった。「病院に行きますか」という問いかけには「いや、大丈夫です」と答えたらしい。神岡署の玄関のところで到着を待っているときに、康之が素子に言った。

「でも顔を見るまではわからないよ。もしかしたら意識朦朧としていたほかの遭難者が、『君島さんですか』と言われて無意識に『はい』と言っちゃったかもしれないし」

「まさか……」

神岡署では、大勢の関係者が君島を出迎えた。車から降りてきたのは、まぎれもない夫だった。素子の耳に「奇跡だよ」という誰かの声が聞こえてきた。目頭を押さえている警察官もいた。

素子は関係者らに「ありがとうございます」と頭を下げながら夫に近づいていって、ひとこと「もう……」と声をかけた。

周りを救助隊員らに囲まれた君島は、妻に対して照れ臭そうに「ありがとう」と言った。

山での君島は、体調や状況によっては計画を変更する、公衆電話のあるところでは家に電話をする、無理をせずに安全策を選択するなど、常に慎重な行動をとるように心がけてきた。それはこの山行においてもしっかり実践されていたはずだった。

ところが、わずかな油断が遭難を引き起こしてしまう。それが南岳小屋から下るときである。心ここにあらず、ボーッとしていたとしか思えない。

だが、最初から道を間違えていたにしろ、「おかしい」と思った時点で引き返していれば何事も起こらなかった。しかし君島はここでふたつめのミスを犯してしまう。言うまでもなく、「おかしい」と思った時点で引き返すというのは、山で道に迷ったときの鉄則であるが、君島は「おかしい、おかしい」と思いながらも下り続けてしまうのである。

冷静さを欠いていたのか、あるいは焦っていたのか。ともかく、いつもの慎重さからかけ離れた行動であった。

山では往々にしてこういうことが起こりうる。「いつもあれだけ慎重に行動していた人がなぜ……」というようなことが。魔が差したとしか思えないのだが、それも結局は本人の注意力が散漫になっていたのか、焦って冷静な判断が下せなくなっていたのか、のどちらかなのだろう。

下り着いた崖の上で進退窮まり、君島は救助を待つことを即決する。ふつうはなんとか自力で下山しようとあがくものなのだが、君島の決断は早かった。

これについての評価は分かれるところであろう。「自分で脱出を試みないですぐ救助をアテにするのは、山を甘く見ているからだ」という見方もあるかと思う。その現場がどういうところなのか実際に見ていないのでわからないが、無理すれば、もしかしたら自力で下山できたかもしれない。あるいは逆に転落して命を落としていたかもしれない。

だが、君島は自分がその場に置かれて「登るのも下るのも危険だ」と判断したのだ。その結果として助けられたのである。だから私は君島の判断は正しかったと思っている。

事故のあと、君島は通い慣れている尾瀬以外には山に行っていない。山を辞めたつもりはないが、謹慎の意味でしばらくはおとなしくしている。

家族の者は「今度、遭難しても捜さないぞ」と言う。警察からも「山へはひとりで行かないように」とクギを刺されているが、やはり単独行がいちばんいいという気持ちに変わりはない。

行き詰まった沢ルート

福島／飯森山

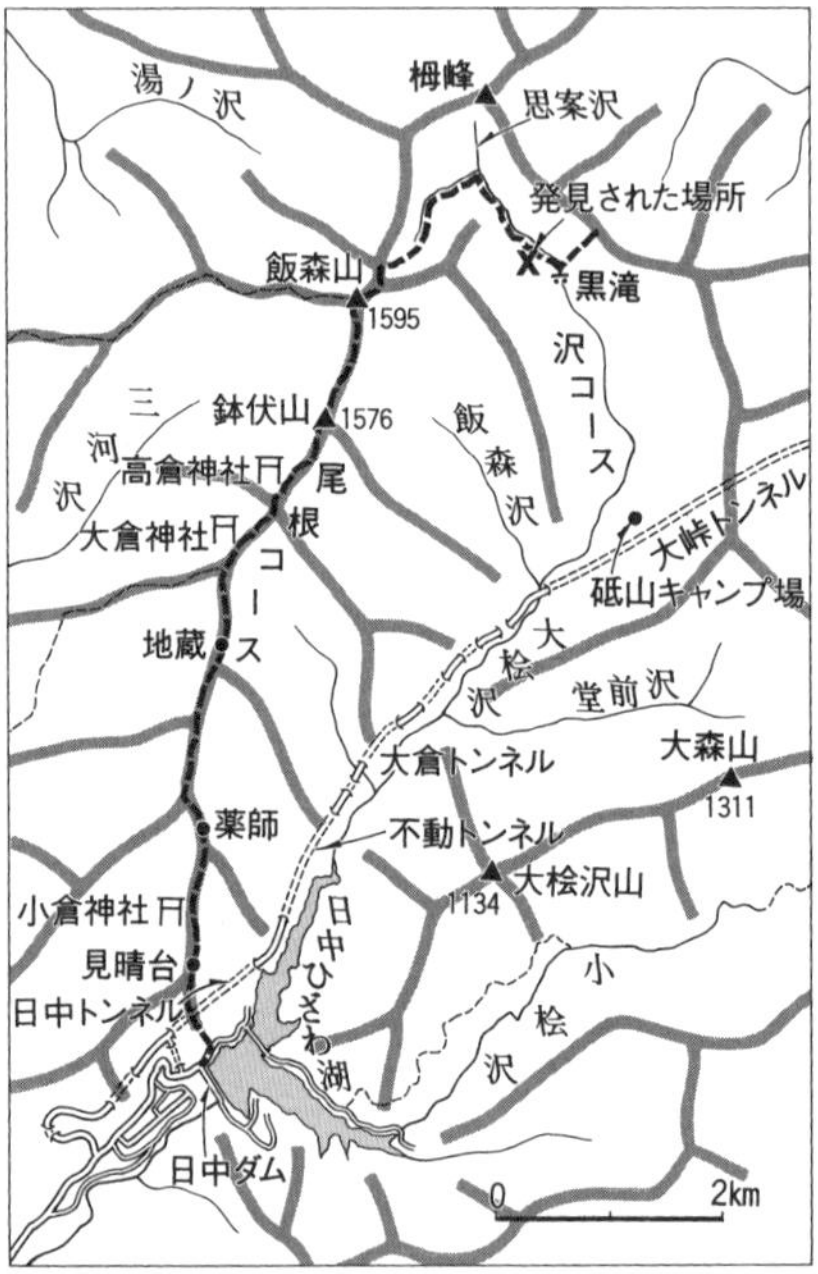

湯ノ沢
栂峰
思案沢
発見された場所
飯森山
1595
黒滝
沢コース
三河沢
鉢伏山
1576
飯森沢
高倉神社
尾根コース
大倉神社
大峠トンネル
砥山キャンプ場
地蔵
大桧沢
堂前沢
大倉トンネル
大森山
1311
薬師
不動トンネル
大桧沢山
1134
小倉神社
日中ひざわ湖
見晴台
日中トンネル
小桧沢
日中ダム
0
2km

1

「うつくしま百名山」というのをご存知だろうか。一九九八（平成十）年四月、福島テレビが開局三十五周年を記念し、登山家の田部井淳子を委員長として選定した、福島県内の百の山である。そのなかにはポピュラーな飯豊連峰や吾妻連峰、磐梯山、会津駒ガ岳、燧ガ岳をはじめ、地元の人しか知らないような標高数百メートルの山々までが選ばれている。

そのガイドブックを見て、日本百名山は無理だろうがうつくしま百名山なら踏破できるのでは、と考えたのが一條福男(62)だった。数えてみると、これまでに自分が登ってきた三十以上の山が、うつくしま百名山のなかに含まれていた。

一條は一九三六（昭和十一）年、宮城県伊具郡の耕野（現在の丸森町）という小さな村に生まれた。新制中学卒業後、塩釜に出て五、六年ほど写真を修業。その後、福島で就職し、一九六一（昭和三十六）年からは写真屋として独立。現在も福島市内の瀬上町で写真館を営んでいる。

三人の子どもはみな独立し、妻とのふたり暮らし。ここ数年は景気も悪く、商売のほうも頭打ちなので、ぼつぼつ定年してのんびり山にでも登ろうかと思っている。

山々に囲まれた環境で生まれ育ったものの、山登りとは縁がないままずっと過ごしてきた。二十八歳のときに生まれつき悪かった心臓を手術、以来、肺や気管支の大病を繰り返した。その病気を克服するため、一時間ほどの早朝ウォーキングを始めたのが三十代半ばから。そして四十八歳のときに、ひとりでふらっと鶴岡のほうに遊びに行ったついでに、何気なく月山に登ったことがきっかけとなって山登りを始めた。

「別に登るつもりじゃなかったんだけど、ちょっと登ってみようかなと思ってね。ふつうの服にふつうのズック、それに小さなカバンにカメラをぶら下げて。それで頂上に着いてみたら、『これはすばらしい』ってなっちゃったんだね」

だから一條の山歩きの大きな目的は健康維持のためにある。また、ほとんどの山の頂上には神社や祠があることから、健康祈願も兼ねての山登りを続けてきた。最初のうちは年に七、八回だった山行は徐々に増えていき、近年は冬以外の五月から十一月の間、だいたい月に二、三回のペースで山に登っている。

山登りの知識や技術は誰に習ったというわけでもなく、技術書などもほとんどひも解かなかった。あえて言うならばまったくの自己流である。

山登りを始めてしばらくしたころ、磐梯山に登ったときに、近所に住む友人の息子に登山道でばったりと出くわした。そのときの一條のいでたちは、普段着に運動靴といった具合。その息子が家に帰って親である友人に報告したそうだ。「磐梯山だって厳しい山なんだから、一條さんのあいう服装はまずいんじゃないか」と。「子どもがそんなことを言っていたから、山登り用の靴ぐらいちゃんとそろえたら」と友人に言われ、初めて軽登山靴を購入した。

これまでに登った主な山は、飯豊連峰の飯豊山と大日岳、朝日連峰の大朝日岳、燧ガ岳、日光白根山、富士山など。そのなかでとくに印象に残っている光景が三つある。奥会津・浅草岳の中腹にある剣ガ峰と鬼ガ面山の間の朝の雲海、飯豊連峰御西岳からの夕日に映える雲海、そして鳥海山山頂から見た日本海に落ちる夕日。「そうした光景にまた出会いたくて、山に登るのかもしれません」と、一條は言う。

山へは同好の友人らと行くこともあるが、ほとんどは単独行である。大勢でワイワイガヤガヤいっしょに歩くよりも、ひとりで静かな山に登るのを好む。そのほうが自分のペースで歩けるし、休みたいところで休める。高山に咲く花々を見ながら写真も自由に撮れるし、好きなビールもゆっくり飲める。なにより、前日に天気予報を見て「よし、明日行こう」と気軽に決められるのがいい。

そのようにして唐突に山行を決めるから、妻にも行き先を告げずに出かけていくこともしばしばあった。ただし、ひとりで山を歩いていると、万一、足をくじいただけでも遭難騒ぎになってしまうので、いつも足元には充分注意して行動していた。

だが、事故は予期せぬ要因から起こった。

2

一九九九（平成十一）年七月二十日の早朝四時四十分、一條は瀬上町の自宅を車で出発した。行き先はうつくしま百名山のひとつ、飯森山。「飯森山」といっても会津若松の白虎隊ゆかりの有名なほうではなく、山形県米沢市との県境付近、「ひめさゆりの里」として知られる福島県熱塩加納村に位置するほうだ。標高は一五九五メートルとそれほど高くはないが、登山口から頂上までの往復の所要時間は十一時間。どちらかといえば健脚・上級者向きのコースである。ちなみにガイドブック『うつくしま百名山』（福島テレビ株式会社刊）には、「飯森山の名は白い飯を盛ったような山に由来している。地味な存在の山であるが、登りごたえのある山である」と紹介されている。

このとき飯森山に登ろうと決めたのは、早くうつくしま百名山を踏破したいという気持ちがあり、ならば最初のうちにきつい山を重点的に登ってしまおうと考えたからだ。また、翌週は友人らと月山へ行く約束をしていたので、その前にちょっと足慣らしをしておこうという心づもりもあった。

この年の梅雨の間は週末のたびに天気が悪く、しばらく山へ行けずにイライラが募っていたのだが、久々に山を歩ける高揚感で一條の胸は躍っていた。

国道一三号線を経由して米沢市を通り、国道一二一号線に入って大峠トンネルと日中トンネルを抜け、日中ダム管理事務所前の駐車場に車を停めたのが午前七時ちょうど。ここが飯森山の登山口となっている。

登山口には登山者カードがあり、これに住所、氏名、年齢、電話番号、行程、それに「五時下山予定」と書き込んでポストに入れた。

「そのときはたまたま書いたんだよね。入れるときと入れないときがあるんです。なんとなく、気分ていえば気分だね。半分ぐらいだね、カード入れるのは」

〝たまたま〟というのは不思議と重なるものなのだろうか、前夜、晩酌をしていたときに、一條は「明日、飯森山に行ってくるからな。飯森山といっても白虎隊のほうではなく、大峠トンネルのところにある飯森山だぞ」と、〝たまたま〟妻に話していた。

もし、一條が行き先を妻にも話さず、登山者カードも提出していなかったら、のちの捜索は一條の車を捜すことから始めなければならず、かなり難航したはずである。そして発見されるまでに無事でいられた確率も極めて低かっただろう。

飯森山の尾根コースは、最初からかなりきつい登りが続いた。見晴台、小倉神社、薬師、地蔵、大倉神社と、息をもつかせぬ登りであった。ここ最近は高い山に登っていなかったこと、またこれが久しぶりの山歩きだったこともあって、途中から左足の太ももの筋が突っ張るような感じを覚えたという。

ペースを落としぎみにして、やっとの思いで鉢伏山に着いたのが十二時ごろ。目的の飯森山までは、ここからさらに一時間強歩かなければならない。

この時点で一條は飯森山まで行くのを一度はあきらめている。夏なので陽は長く、天気も曇りでまあまあだったが、日帰り登山の場合、昼の十二時になったら、たとえ頂上にたどり着いていなくとも引き返すというのが一條の山登りのルールであった。このときも頂上を目前にしながら下山するのは残念だったが、足の筋もつるような感じだったので無理することはないと考えた。また次回、調子を整えて登りに来ればいいのだから、と。

そうと決まれば鉢伏山でのんびり昼食でもとろうと、持ってきた缶ビールを開け、なべ焼きうどんをつくり始めた。そこへ下ってきたのが中年夫婦のふたりの登山者だった。

一條が鉢伏山に着いたとき、頂上にふたつのザックが置いてあった。だれかが空身で飯森山を往復しているのだろうと思っていたら、案の定、その夫婦がザックの持ち主だった。

三人で食事をしながら山の話を交わしているときに、沢コースのことが話題に上がった。飯森山へ登るには、一條がたどってきた尾根コースのほかに、大桧沢を遡っていく沢コースがある。沢コースのことは、十日ほど前の新聞記事に出ていたので一條も知っていた。その記事には、「七月二十四、二十五日の両日、五十人の参加者を募集して飯森山の沢開きが行なわれる」とあった。また、登山口まで車で来る途中、大峠トンネルを抜けたところに周辺の案内図があり、それにも沢コースがはっきりと記されていた。案内図によれば、沢コースの途中にはキャンプ場が二カ所あるらしかった。それを見て一條は、「キャンプ場があるぐらいだから、ちゃんとした山道がついているのだろう」と思ったという。

飯森山から下りてきた夫婦はこう言った。

「飯森山の山頂まではあともう少しですよ。飯森山からは沢コースを下ったほうが近いんじゃないですか。私たちも頂上までザックを背負っていっていれば、沢コースを下ってもよかったんです」

一條が持っていたガイドブックのコピーには、沢コースのことはまったく触れられていない。また地形図も持っておらず、情報としてあったのは案内図で見たおぼろげな記憶のみ。だが、話を聞いて、一條はすっかりその気になってしまった。それが、そもそもの大きな間違いのもとだった。

鉢伏山で一時間ほど過ごし、一條は再び飯森山をめざした。そして午後二時、山頂に到着。頂上を踏んだ満足感に浸りながら、ひとりビールで乾杯をした。

この山行に、一條は三五〇ミリリットル缶四本と五〇〇ミリリットル缶二本の計六本のビールを持ってきていた。日帰り山行のときはいつもこれぐらいの量のビールを持ち、行動中に全部飲んでしまうのだという。はっきり言って、かなりの量である。このときは登る途中で二本、鉢伏山で一本、飯森山で一本飲み、残りは二本。それもこの日のうちにすべて消費されてしまうことになる。

そんなに飲んで酔わないのかと聞くと、一條は「水代わりのようなものだ」と答えた。体がダルくなったり眠くなったりするようなこともまったくないという。

「でもやっぱりまずかったかな。一度は頂上へ行くのをあきらめたのに話を聞いて行く気になったのも、酒の勢いがあったのかもしれない」

と一條も認める。酒が遭難の一因になったことは間違いないだろう。

飯森山の山頂には「沢コース50M先」と書かれた道標があった。なるほど、写真で道標を見るかぎり、沢コースという一般ルートがあるようにも受け取れる。しかし実際の沢コースは登りに使われる本格的な沢登りのルートで(しかも行程は一泊二日を要する)、かつては国体の沢登り競技の会場になったほどの場所。とても一般登山者が半日で下れるような代物ではなかった。二〇〇〇年度の飯森山沢開きのパンフレットにはこうある。

「このコースは、本県では珍しく沢登りを主とするところに特徴があり、標高は低くとも大小様々な滝や雪渓トンネルが行く手に出現し、冷水につかりながら山頂に立つことは、まさに沢登りの醍醐味でもあります」

そのことを知らず、また酒の勢いもあって、一條は道標に従い、遭難への道を踏み出していくのである。

3

最初のうちは楽に下っていける沢だった。それが下るに従い左右からいくつもの沢が合流するようになり、いつの間にか大きな沢になっていた。

次から次へと現われる滝は、山を巻いて下った。といっても斜面の傾斜が強いため、いったん斜面を登り返し、木につかまりながら斜めに下っていかなければならなかった。そうやって滝を越して再び沢にもどろうとしても、高さ二、三メートルの崖に阻まれて容易にもどることができない。下りられそうなところをあちこち探し回り、ようやく足が届くほどの倒木を見つけ、それを伝って下りたこともあった。どうしても下りられそうにない場合は、倒木を引きずってきて崖に立て掛けて下りた。

しかし、午後五時過ぎ、大きな滝壺に行く手をさえぎられ、どうしてもそれ以上前に進むことができなくなった。あたりは次第に暗くなり始め、雨も降りだしていた。やむをえず、一條はそこでビバークすることを決めた。

周囲を見回すと、沢の東側の山に大きなマツの木があるのが見えた。かなりの急斜面だったが、二十分ほどかけてそこまで必死に登り、ようやくマツの木の下に腰を下ろすことができた。この時点で所持していた食料はおにぎり一個に缶ビール二本だけだったが、明日は下山できるものと信じていたので、すべて腹の中に収めてしまった。

あたりがすっかり暗くなると雨足は激しくなり、雷も轟き始めた。そこでビニール製の上下の雨具を着込み、軍手をはめ、ヤブ蚊を避けるために顔にはタオルを巻いて目だけを出し、大木の幹に寄りかかるようにしてうずくまった。さらに薄いビニールの風呂敷を頭からかぶって雨をやり過ごした。

暗くなって間もなくしたころ、一條は五、六匹ほどの光る虫がそばに寄ってこようとしているのに気がついた。大きさは七、八センチ。不気味に思って懐中電灯で照らしてみると、今度はなにも見えなくなった。しかし明かりを消すと再び光り出す。後日、地元の者にその話をすると、「なんだかよくわからない」「雨で濡れると光る枯れ木のようなものじゃないかなあ」という返事が返ってきた。あるいは錯覚だったのではという気もするが、一條は「いや、錯覚ではなかった」ときっぱり否定する。

ヤブ蚊、光る虫、雨、雷、そしてクマの恐怖に悩まされながら過ごす夜は、ひどく長く感じられた。時計を見るたびに、「なんだ、まだこれしか時間が経っていないのか」と、重いため息が口をついて出た。結局、その夜は一睡もできなかった。

翌二十一日。朝の四時ごろになってようやくあたりが白み始めてきた。雨はまだ降り続いていて、沢はかなりの水量になっていた。雨が小降りになってきた六時ごろになって、一條は再び下山を開始する。

「下ってきたコースを引き返して飯森山にもどるっていう考えはなかったね。とにかく家に早く帰りたいだけだったな。もう相当下ってきたつもりだったから、早めに下りられると思ってたもんね」

だが、ビバークした場所はおそらく思案沢の手前あたり、沢コースを三分の一も下っていない地点だったと思われる。もし、このとき飯森山に引き返していれば、一條はその日のうちに間違いなく下山できたはずなのだが。

行く手を阻まれた滝壺を避けて東の沢に下りてみると、そこにも滝が現われて、再び山を巻くことを強いられた。斜面は急なので、地面に尻をついて滑るようにしないと下りられない。かき分けるような藪も随所にあった。たまたま厚手の長袖シャツと厚手のズボンを着ていたから助かったようなものの、もし半袖シャツや薄手のズボンだったらとても歩けなかっただろう。

急斜面を下り、沢を渡って反対側の山に入り、沢コースから外れないように注意しながらひたすら下り続けた。沢沿いの岩にところどころ印されたペンキの矢印だけが、コースから外れていないことを教えてくれた。といっても、ペンキの印がつけられていても下れない箇所は何箇所かあった。考えてみれば、ペンキの矢印はすべて登る方向を示していた。もし下りにも使われるコースだったら、「⇕」というマークがつけられていてもいいはずだと気がついたのは、後日になってからだった。

とにかく、沢に下りてはまた山を巻くことの繰り返しだった。流木を杖代わりにして棒高跳びのようにギャップを越えたところもあった。腰ぐらいの深さの滝壺を対岸に渡ろうとしていたときには、足が滑ってあやうく溺れるところだった。そのときは幸いザックが浮き代わりになったので、なんとか岸まで泳ぎ着くことができた。一條が振り返って言う。

「怖かったですよ。ほんと必死でしたもんね」

十一時ごろ、沢に沿って山を歩いていたときに、ふたつに折れた古い道標を見つけた。それにはかすかに「飯森山」という文字が見てとれた。おそらく沢コースから尾根へ至る旧登山道の道標であろう。

そのしばらく先、沢から山に入ったところに、五、六本の食い散らかされた地竹があった。痕跡を見ると、まだ新しいもののようだった。すぐに「これはクマの仕業に違いない」と察し、慌てて沢にもどったのだが、その先は滝壺になっていてどうしても下ることができない。仕方なく持っていた携帯ラジオのスイッチを入れ、鈴を鳴らしながら再び山に入り、先ほどの場所を恐る恐る通過していった。

相変わらず山のなかは急斜面の連続で、随所に崖も現われた。そこを木の枝につかまったり腹ばいになったりして下っていくうちに、いつしか雨も上がって陽が射してきた。時計を見るとすでに午後三時。昨夜一睡もしていないうえ、朝からずっと行動しっぱなしで、だいぶ疲れていた。地図を持っていなかったため、どのあたりまで下りたのか見当もつかなかった。また、これまで下ってきた沢の険しさを思うと、今さら引き返す気にもなれなかった。

ちょうどそのとき十坪ぐらいの広さの平らな岩の上に出たので、そこで二晩目の夜を明かすことにした。岩の上に座っていると、心配しているであろう家族や知人のことが思い起こされた。自分が無事であることを伝えたくても伝えられないもどかしさが辛かった。

ひと休みしたのち、びしょびしょに濡れていた服を全部脱いで固く絞り、岩の上に広げて一時間ほど乾かした。それでも完全には乾かないので、ストーブを使って乾燥させた。

夕方になってザックの中のものを整理していると、前の山行のときに持っていってそのままになっていたインスタントラーメンが一個見つかった。そのほかにもピーナッツやイカの薫製、ゼリー状の非常食、菓子類、インスタントコーヒー、醤油などが少量ではあったが出てきた。この日は朝からなにも食べていなかったので、早速インスタントラーメンをつくって夕食とした。コッヘルは持ってきていなかったが、前日の昼に食べたなべ焼きうどんのアルミホイル製の器を潰さずに持っていたので、それをコッヘル代わりに使った。

午後七時、夜の帳の訪れとともに一條は再び雨具を着込み、靴を履き、鼻のところに穴を開けた蚊避けのビニール袋を頭からかぶって岩の上に横になった。

空には満天の星。これほどすばらしい星空を見たのは生まれて初めてで、深い山のなかにたったひとりでいることを慰められる思いがした。

その星空を見つめながら「明日も晴れるように」と祈り、ふと横を向いたときである。一條の目に不思議な光景が映し出された。

それは三段の台に見えた。一段目の真ん中にはお地蔵様が鎮座し、その両脇にはおもちゃがたくさん並んでいた。二段目には仏様を中心に、三段目には神殿を中心にして、やはり両脇におもちゃが並んでいる。「変だな」と何度か目を閉じて開いてみても、また同じものが見えた。不審に思って身を起こし、五メートルほど離れたその場所に行って懐中電灯で照らしてみると、ちょうど台の幅ぐらいの範囲に白い花が咲いているだけであった。しかし、元の場所にもどって横になれば、まったく同じものが見えるのである。

別の方角に目をやると、今度はふたりの孫の写真がそれぞれ額縁に入っているのが見えた。さらに沢の方角には、今まで見たこともないようなすばらしい都会の街並みが現われた。

夢ではない。意識がはっきりしていることは自分でもわかった。一條が見たのは、幻覚に違いなかった。

「落ち着いていたつもりでも、一種のパニック状態にあったんでしょうね。生きて帰れるか帰れないかの境にいたんだもんね。ほんと一歩間違ったらお終いだったから。幻覚を見たって不思議ではないよね」

が、そのときは幻覚だとは思わなかった。怖いという感じはなかったが、なぜそんなものが見えるのか、ただ不思議でならなかった。

やがてそれも気にならなくなり、星空を見ているうちに、いつしかうつらうつらしていたようだ。気がついたら星の瞬きも遠くなっていて、夜明けを迎えようとしていた。

4

二十二日の午前四時、沢水を沸かしてコーヒーを入れ、体を暖めてから再び沢を下り始めた。ところが四時間ほど下ったところでまた大きな滝が現われて、それ以上、下ることができなくなってしまった。

どこか迂回していけないかとあたりを見回すと、東側の崖の上からぶら下がっている太い麻ロープが目に止まった。ロープは一條のいる場所からさらに滝の下へと続いているようだった。これを登っていけば山を巻いて下の沢に下りられるのではないかと思い、一條はロープにつかまりながら険しい崖を登っていった。しかし、崖の上に出てみると、そこには道もなく、まして下の沢へ下りていけそうな気配さえもなかった。

後日、地元の「つがざくら山岳会」の人に聞いてみると、一條が行き詰まった滝は黒滝であり、ロープはその黒滝を登るためのものであるということがわかった。一條もロープを伝って滝を下りることを考えなかったわけではない。しかし、滝はどれぐらいの高さなのかもわからず、ロープが下まで届いている確証もなかった。一條にしてみれば、とにかく登るしかなかったのだ。

崖の上からは下るに下れず、しかたなく尾根へと向かってまっすぐ登っていった。小一時間ほどかけて尾根まで登り、そこでしばらく休んでいると雲の切れ間から陽が射してきたので、濡れた服を乾かしたりザックの中を整理したりして過ごした。もしかしたら救助のヘリコプターが飛んでくるかもしれないとも思い、発見されやすいようにとナイフで周囲の木の枝を切り払い、合図のための白い風呂敷を枝に結びつけて用意しておいた。

と、そのとき、大きなヘリコプターがこちらに向かって飛んでくるのが見えた。が、次の瞬間には、ヘリは鳥になり雲にと変わってしまった。またしても幻覚であった。

スイッチを入れていたラジオの天気予報は、「午後は大雨になる」と告げていた。自分に関する遭難のニュースはまったく流れず、不安が募った。

尾根の上には二、三時間もいただろうか、十二時過ぎには早くも雨が降り出した。慌てて来たところを引き返し、登ってきたロープを探したのだがなかなか見つからない。ようやくのことでロープを見つけ出して下りようとしたのだが、なにしろ九十度近い崖である。ただロープにつかまって下りたのでは、途中で手が疲れて落ちてしまう恐れがあった。そこでいろいろ考えた揚げ句、ロープを胴にひと巻きして、それを少しずつずらしながら下りることにした。

そうやってどうにか沢には下りたものの、沢は朝とは様相が一変するほど増水していた。それでも浅くなっているところを探しながら、今度は沢を遡っていったのだが、水位は腰ぐらいまであり、木にしがみつきながら少しずつ歩くのがやっとだった。なんとか大きな岩の上に登り着いて当面の危険を脱したところで一條は行動を中断し、雨が止むのをじっと待った。

雨は午後二時三十分ごろには上がり、わずかに陽も射してきた。が、もはやこれまでと、一條は腹をくくった。

「ここまでものすごく苦労して来ているから、引き返すことは考えなかったし、下れって言ったってどんなことしても下れなかったから。自分としては体力的にはまだ限界だとは思わなかったけど、あきらめて何日でもそこでじっとしていようと決めたんです。翌々日が沢開きだっていうことを新聞で見てたから、じっとしていれば五十人の登山者が上がって来ると思ったんだよね」

覚悟を決めた一條は、汚れた衣服を洗ったり、ふやけた足を乾かしたりして時間を費やした。また、なにか食べなくては体がもたないと思い、周辺に生えていたフキや地竹などの山菜を手持ちの醬油で煮て食べた。沢水は雨で濁っていたのでストーブで沸騰させてから飲み、念のため正露丸も飲んでおいた。

これで三晩目のビバークである。大雨による増水に備えて安全な高台の岩の上に移動し、岩を背に大きなビニールの風呂敷を頭から被ってうずくまった。救いだったのは、雨と寒さのためだろうか、蚊に悩まされずにすんだことだった。

しかし、夜になると雨は激しい雷雨に変わった。山の雷は心底恐ろしく、雷がいつ頭の上に落ちてくるのではないかと気が気ではなかった。沢の水はどんどん増えてきて、じわじわと不安が高まった。また、寒さで震えが止まらないほどに体も冷えきってしまった。そして睡魔。ここで眠り込んだら確実に凍死してしまうと思い、体を動かしたりこすったりして暖めながら、懸命に起きているように努めた。

そんななかで、三度目の幻覚症状が現われた。大雨をものともせず、大きな岩の上に二台のテレビカメラをセットしているロケの撮影隊が見えた。彼らは夜半まで強力なライトを煌々と照らし続けた。一瞬、彼らのところに行って助けを求めようとも思ったが、すぐに「これは幻覚だ」と自分に言い聞かせた。岩の上でヘタに動き回って沢に落ちるのも怖かった。

足下に目をやれば、大きなカエルがこちらに近づいてこようとしていた。棒切れでいくら追い払っても近寄ってくるのである。

後日、その幻覚のことを話した友人はこう言った。

「そのカエルは、必ず家に帰るという意のカエルだったんだよ」

なるほど、そうだったのかもしれない。


雨は夜中のうちに上がり、沢の水位も少しずつ下がり始めた。

四日目、二十三日は朝から晴れわたる絶好の天気となった。一條は「今日こそはヘリが来てくれるかもしれない」という希望を持つ一方で、「果たしてほんとうに来てくれるのか」という不安を打ち消すことができないでいた。

「夜は四時前に明けるから、ヘリが来てもすぐ対応できるように用意だけはしていました。それでも心配でしたけど。役所のことだから動き出すのが八時ぐらいで、こちらに来るのが八時半か九時ぐらいになっちゃって、そのころにはまた天気が悪くなっていて、救助活動ができなくなっちゃうんじゃないかと思ったんです」

だが、昨日までのようには動き回らず、そこでじっとしていて救助を待つつもりに変わりはなかった。そう思うと気持ちも少しは冷静になり、今回のことをあれこれ振り返る余裕も出てきた。のちに一條が書いた手記にはこうある。

「地図も持たず、下調べもせず、沢というより厳しい谷川を強引に下ったことは無謀、いや自殺行為にも等しいものであり、自己過信であったとの反省の気持ち、途中からでてももどる勇気があったならとの後悔の念でいっぱいになりました。そして、どんな山でも気象の変化など自然界は厳しく、侮ってはいけないと、改めて今後の教訓にしなくてはとも思いました」

たしかに山の遭難事故のなかでも、「道を間違えて沢に迷い込み、その沢を下りようとして滝や崖から落ちて死傷する」というケースは非常に多い。一條の場合は道に迷ったわけではないが、事前の調査不足から険しい沢を無理に下りようとしたという点では、典型的な遭難のパターンであったといえよう。

このような遭難のケースでは、なるべく早い時点で引き返すのが鉄則である。が、一條は丸二日間も沢を下り続けてしまった。

ただ幸いだったのは、そうしながらもケガひとつ負わずにすんだということだ。一篠自身、「とてもふつうに歩けるようなところじゃなかったから、とにかく捻挫したりしないように慎重に行動していた」と言うが、険しい沢と山のなかをこれだけ動き回りながら、致命傷に至るような転滑落をしなかったこと、また増水した沢に流されなかったことは、奇跡といっていい。

午前七時五分、飯森山の方角から沢に向かってヘリコプターが一機飛んでくるのが見えた。今度は幻覚ではない。待ちに待った瞬間であった。

用意していた旗（白いビニールの風呂敷を木の枝に結んだもの）を二、三回大きく振ると、ヘリはスーッと近くまで来て、機内の救助隊員がスピーカーで呼びかけてきた。

「一條さんですか」

その言葉を聞いた瞬間、家族の顔が頭に浮かんできて、「ああ、これでやっと家に帰れる」と安堵感が湧き上がってきた。

福島県警の小型ヘリはいったんその場を離れ、そのまま上空で待機、三十分ほどのちに今度は大型の防災ヘリが飛んできた。ヘリの姿を認めた一條がザックに手を伸ばしたとき、沢のほとりに咲く二輪のサユリの花が目に入った。その美しく可憐なたたずまいが、一條の脳裏に今も強く焼きついている。

5

一条の捜索願いは二十一日に出され、警察官や消防団員、自衛隊、つがざくら山岳会のメンバーらによって、尾根コースと沢コースの二手に分かれての捜索が行なわれていた。しかし、鉢伏山で会った登山者からの情報で一条が危険な沢コースを下りていったことが判明。その後に天候が悪化したこともあって、関係者や身内のなかからは「滝壺の中で水流に巻かれているんじゃないか」「ダメだろうから葬式の用意をしなきゃいけないな」などという声も出ていたようだ。また、一条が当てにしていた沢開きのイベントは、遭難騒ぎのためか天候が悪かったせいか、結局、中止になったという。

今、事故を振り返りながら一条が言う。

「やっぱり最初のコースを変更したのがまずかった。あと、登る山のことをもう少し研究しなきゃ。それまで何事もなかったから、山を甘く見たっていうか、自分勝手に『こんなもんだろう』って思っちゃったんだよね。ともかく、ちょっと意志が弱いっていうか、酒の勢いっていうか、予定を変更したことは今でも悔やんでいる」

本人も反省しているとおり、事故の要因は、安全策をとっていたはずの当初の予定を変更し、地図もコンパスもガイドブックもないまま、不確かな情報をもとに未知のルートを下山しようとしたことにある。だが、その引き金となったのは、やはり〝酒〟ではないだろうか。

いくら〝水代わり〟だとはいえ、ビールを六本も飲めば、どんなに酒に強い人でも酔わないほうがおかしい。ただ、それを自覚しているかいないかだ。一條は「酔っていなかった」と言うかもしれないが、自分の置かれた状況を冷静に分析できず、誤った判断を下してしまったのは、酒のせい以外のなにものでもないように思えるのである。

もうひとつ、いい教訓となったのは、山で出会った登山者にあまりいい加減な情報を流してはならないということだ。

「人のせいにはしたくないけど、鉢伏山であの登山者と会わなければ、っていうのはありますね。間違いないコースだったらいいけど、行ったこともないコースを『そっちのほうが近いんじゃないか』なんて、やっぱり言うべきじゃないと思います。山ではよく、励ますつもりで『もうすぐですよ』とか言ったりするけど、実際にはけっこう時間がかかったりするでしょ。だからあんまり安直なアドバイスはしないで、『ちょっと大変だよ』ぐらいに言ったほうがいいかもしれないね。『簡単だよ、若いんだから』なんて言うと、その気になったりするから」

事故のあと、二カ月ほど謹慎したのちに一條は山登りを再開した。

「直後は『もう山へは行かない』って言ったらしいけど、やっぱりほとぼりがさめちゃうと……。酒でも飲み過ぎるとひどい二日酔いになって『もう飲みたくない』と思ったりするけど、二日酔いが治ればまた飲みたくなるのと同じでね」

事故後に登った山は、会津駒ガ岳、帝釈山、明神山、御神楽岳など。やはり、うつくしま百名山の踏破をめざしている。

今はどんな近くの山へ行くときでも行き先を書いたメモを家に残している。登山カードも必ず提出している。険しい山はひとりでは歩かず、イベント登山に参加したり友人らと登ったりするようになった。山で飲むビールも控えめを心がけている。

このほど、二〇〇〇年度の飯森山の沢開きに応募をすませた。一條が言う。

「犯罪者は現場に立ちもどるって言いますけど、やっぱり行ってみたいんです」

一年前に命からがら彷徨った沢を再訪したときに、そこで一條はなにを見るのだろうか。

フラッシュが救った命

北アルプス／西穂高岳

槍ガ岳へ
3110
涸沢岳
右俣林道
右
俣
谷
白出沢
穂高岳山荘
穂高平避難小屋
奥穂高岳
3190
穂高平
ジャンダルム
3163
新穂高温泉
新穂高温泉
前穂高岳へ
天狗ノ頭
2909
天狗のコル
小鍋谷
間ノ岳
2907
天狗沢
西穂高岳
2909
千石尾根
新穂高ロープウエー
蒲田川
西穂独標
2701
岳沢ヒュッテ
岳沢
西穂高口
西穂山荘
外ガ谷
中尾
0
2km
上高地へ

1

木内聡(39)は、西穂山荘で山本誠(36)の到着を待っていた。一九九二(平成四)年一月二日のことである。

山本よりもひと足早い十二月二十八日に、木内はテレビ朝日の取材スタッフらとともに上高地に入山していた。取材は、正月番組で流す冬の西穂高岳の映像を撮影するためのものであった。テレビ業界とはまったく関係のない木内が取材スタッフに加わったのは、テレビ朝日のディレクターである大谷映芳が、海外登山の経験が豊富な木内のことをかっていてくれたからだった。

高校時代に山岳部に所属して山登りを始めた木内は、二十九歳のときにイエティ同人のメンバーとしてアンナプルナ南壁への海外登山に初めて参加。以降、ヒマラヤを中心に数多くの海外遠征を行なってきた。

アンナプルナ南壁への初遠征からしばらくして、木内は同級生の島田貞雄らとともに、地元の千葉県佐原市を拠点に山岳同人「一同心」を結成する。一同心はアルパインクライミングとフリークライミングを主体とする社会人山岳会で、島田がフリークライミングの柱になっていたのに対し、木内は主にアルパインクライミングのほうで活動していた。もっとも当時の木内が志向していたのはあくまでヒマラヤ登山であり、一同心としての山行は「遠征のためのトレーニング」という意識が強かったという。

その一同心に、結成後間もなく入会してきたのが山本だった。

山本は福島県いわき市の生まれ。原油を精製してガソリンや軽油や灯油をつくっている鹿島石油に就職が決まり、高校卒業後に茨城県に引っ越してきた。

趣味だったバイクツーリングの延長としてハイキングを始めたのが二十三歳のとき。それが徐々にステップアップしていって、単独で、あるいは友人と無雪期の山登りを楽しむようになっていった。そして二十代後半のころからは、よりハードな山登りに興味を持つようになり、個人で岩登りや冬山の講習会に参加。しかし、しっかりした技術を体系的に身につけるには山岳会に所属するのがいいと思い至り、二十八歳のときに一同心の門戸を叩いたのであった。

一同心に入会後は、月一回ほどのペースで岩登りやアルパインクライミング、アイスクライミングを実践。三十歳のときに仕事の関係で北陸に転勤となったが、その間には地元の山岳会に入って山行を重ねた。三年後に元の職場にもどって再び一同心に復帰したのちは、夏山よりも冬山へ行くことのほうが多くなり、主に甲斐駒ガ岳や八ガ岳などで冬季登攀やアイスクライミングを行なってきた。

　こうした山行で、山本がたびたびパーティを組んだのが木内である。ふたりはとくに気が合ったというわけではないが、ともに冬のアルパインクライミング志向が強いということで、自然とパーティを組む機会が多くなったのだ。もちろん、リーダーは常に経験豊富な木内のほうだったが、木内も山本の力は認めていた。一九九二年正月の山行に山本をパートナーとしたのも、山本の若さと力量を木内が評価していたからだ。

　その正月山行は、西穂高岳から北穂高岳へと縦走したのち、滝谷のクラック尾根を登攀するというものであった。一月二日に木内と山本が西穂山荘で落ち合い、三日は天狗のコルでツエルト泊、四日に北穂高小屋に入り、五日にクラック尾根の登攀、六日は予備日で、七日に涸沢岳西尾根を新穂高温泉へ下山する、というのが具体的なプランだった。木内が言う。

「その前年か前々年の正月に、ほかの一同心のメンバーと前穂高岳の北尾根から奥穂高岳を越えて槍ガ岳へ行っているんですよ。だから今度はルートを変えて行って、滝谷のバリエーションのやさしいところを一本入れようということでプランを立てたんです。僕は、体力の厳しいバリエーションはある程度自信があったんですけど、壁となるとそんなに経験がなかったんで。クラック尾根は入門的なルートであるにしろ、それなりに難しい所だから敗退してもやる意味はあるなというつもりで出かけたんです」

テレビ朝日の取材スタッフ一行は十二月三十一日に西穂山荘に上がり、一日停滞したのちの一月二日、午前中のうちに西穂高岳山頂を往復し、冬の北アルプスの風景をカメラに収めた。一日に茨城県鹿島郡波崎町の家を出た山本は、夜中に新穂高温泉口着。車内で夜を明かし、二日朝にロープウェーで西穂高口へ。西穂山荘に到着したのは、取材スタッフが山荘に帰ってきておよそ一時間後の午後一時三十分ごろであった。

その後しばらくして、取材スタッフは木内を残して下山していった。木内の仕事は終わり、合流したばかりの山本との正月山行が始まったのである。

2

翌三日、ふたりは六時四十分に山荘を出発した。全体的に雲が多く、吹雪いたかと思うと雲の切れ間から青空がのぞくというような天候だった。風はさほど強くはなく、周囲はガスっていたものの、五〇〜一〇〇メートルほどの視界はあった。

独標を越し、西穂高岳山頂に着いたのが九時ちょうど。西穂山荘から西穂高岳までの夏の標準コースタイムが三時間だから、けっこう速いペースである。これは木内の歩くペースが速いからで、場所によっては山本が若干遅れぎみになったところもあった。決してバテていたわけではなかったが、山本にしてみれば木内のペースについていくのが精一杯だった。

西穂高岳山頂から先は、痩せた険しい稜線が続く。雪はあまりついておらず、露出した岩にアイゼンの爪を引っかけながらコースをたどっていった。ロープは四五メートルのものを各自一本ずつ持っていたが、「ロープを出さなくても、一気に行けるという感じだった」と山本は言っている。

行動中、ふたりは休憩らしい休憩をとらず、また会話らしい会話もほとんど交わしていないが、木内は山本が「早月尾根と比べるとちょっと難しいかな」と口にしたのを覚えている。山本が早月尾根をたどって剣岳に登ったときの話を、木内は以前に聞かされていた。木内自身は早月尾根に行ったことがなく、漠然と「冬の早月尾根といったらAクラスのルートだろう」と思っていた。そのことも、木内が山本の力を評価していた一要素となっていた。

ふたりは順調にルートをたどり、午後三時には天狗ノ頭に着いた。前方にはジャンダルムと、この日のビバーク予定地である天狗のコルが見えていた。

ところが天狗ノ頭をわずかに下った地点でルートが不明瞭になり、どこを下りればいいのか判別できなくなってしまった。そこで先頭を歩いていた木内が、すぐうしろにつけていた山本に向き直り、「ルートを確認してくる」と言い残して、歩きやすい箇所を選んでひとり岩場を下りていった。

四、五〇メートルほども下っただろうか、どうにか下りられそうなところが見つかったので、山本に声をかけようとして振り返ると、うしろにいるはずの山本の姿がない。「あれ、変だな。どこに行ったのかな」と不審に思いながら元の場所まで引き返したのだが、やはり姿は見当たらない。

一瞬、「まさかひとりで帰ったのでは」とも思ったが、「いや、そんなことはありえない」とすぐにその考えを打ち消した。「待て、落ち着け。もっとよく状況を把握しろ」と自分に言い聞かせながら、行きつもどりつしてあたりを捜し回った。

しかし、山本は忽然と姿を消してしまっていた。

つい先ほどまでいっしょにいた人間が突然いなくなり、木内はパニックに陥った。あたりをあちこち捜し回り、それでも捜し出せずに再び元の場所にもどったときに、ようやく「もしかして落っこちたのかな」という疑念が頭に浮かんできた。

「自分にしてみれば『まさかこんな場所で』っていうのがあったし、やっぱり遭難っていうのは考えたくなかったんでしょうね」

改めて周囲をよく見回してみると、上高地側に五〇センチほど張り出した雪庇の一部に崩れた跡があった。それを認めて木内は確信した。山本は間違いなく転落したのだと。


落ちた瞬間のことを、山本は鮮明に覚えている。

木内が「ルートを確認してくる」と言って方向転換をしたときである。ちょうどそのとき山本は、休むつもりでザックを下ろそうとしていた。その不安定な体勢のときに、方向転換した木内のザックが触れるか触れないかして、ついバランスを崩した。次の瞬間、一歩横に踏み出した足が、小さな雪庇を踏み抜いていた。

それまでにも雪庇には注意して行動していたつもりだった。だが、休もうとしていたところは安全な場所だろうという安心感があった。そのときに、ちょっとした油断が生じた。

落ちた瞬間を、山本がこう振り返る。

「フリークライミングもやっていたので、落ちる感覚は何回も経験しているんです。ちょうどあんな感じですね。『あっ、落ちた』と。ただ、フリークライミングの場合はロープがついているから、短い距離でパッと止まりますけど、そのショックがないという感じでしたね。それで、『ああ、ロープをつけてないんで落ちたんだ』と。落ちながら、『これはもうダメだな。あとは運にまかせるしかないな』と思いました」

落ちていくときには声も出なかった。岩にぶつかりながら回転しているのがわかったが、自分ではどうすることもできなかった。とにかく完全に無抵抗な状態だった。ただただ、落ちていくという事実を受け入れるしかなかった。

幸いだったのは、回転しながら何度か岩にぶつかったときに、ほとんどザックが当たっていたということだ。二〇キロ以上はあったザックが重しになって、ザックのほうから落ちていったからだろう。一度、足が岩にぶつかった感覚があったが、「あ、足が当たったかな」と思っただけで、痛みは感じなかった。

落下して数秒後に、軽いショックを受けて体が雪の斜面に投げ出されたのがわかった。一瞬、「ああ、助かった」と思ったが、今度は体が雪の斜面の上を滑り始めていた。今、滑り落ちていっている斜面の下はどうなっているのかわからない。もし滝か絶壁でも現われて、そこから投げ出されたら、もう助からない。それを思ったときに、初めて恐怖が全身を貫いた。なんとか制動をかけなければと、流されながら無我夢中でザックを外そうとした。そうしてもがいているうちに、気がつくと滑落は止まっていた。そのときになって、ようやく「助かった」と実感した。

山本が落ちたのは、天狗沢と間ノ沢の間にある小さなルンゼだった。すぐそばには夏道の天狗沢ルートが通っている。滑落距離はおよそ三〇〇メートル。滑落が止まった地点は標高二六〇〇メートルのあたりだった。

我に返った山本は、すぐに右足が動かないことに気がついた。体を動かさないかぎり痛みはほとんど感じなかったが、無理して立とうとすると、右足首に激痛が走った。骨折していることは間違いなかった。ほかにどこかケガをしているところはないかと、手で体のあちこちに触れてみると、後頭部にわずかな出血が認められた。

滑落しているときに外そうとしたザックは、幸い背負ったままだった。たすき掛けにしていたピッケルもそのままだったが、片方のアイゼンがなくなっていた。ヘルメットは下のほうに転がっているのが見えた。

次に山本が認識したのは、今、自分がルンゼのなかの雪の急斜面の上にいるということだった。この場所ではいつ雪崩にやられるかわからない。あたりを見回してみると、二〇メートルほど上部に垂直の岩が立ちはだかっていて、その基部がちょっとした岩陰のようになっていた。そこに入り込めば、雪崩の直撃を受ける心配はない。立つことのできない山本は、岩陰をめざして雪の上を這い登り始めた。

ちょうどそのときに、上から「オーイ」というコールが聞こえてきた。

稜線上で雪庇の崩れた跡を認めた木内は、ガスの中に切れ落ちている岩場に向かって夢中で「オーイ」とコールをかけた。何度目かのコールのときに、やっと山本からのコールが返ってきた。そのときの木内の気持ちたるや、いかなるものだっただろうか。

とにかく死んではいない、間違いなく生きていることを確認した木内は、コールをやりとりして山本がどういう状況に置かれているのかを知ろうとした。コールは聞き取りにくいものもあったが、山本は比較的元気そうであること、しかしケガをして動けそうにないということがなんとなくわかった。そこで「その場所を動かないでビバークするように」という指示を出し、自分がなにをすべきかを考えた。

とるべき道はふたつあった。まずひとつは木内ひとりで救助に向かうこと、もうひとつは西穂山荘にもどって救助を要請すること、である。

考えた末に、木内は現場に向かうことにした。まず、山本が落ちた場所まで回り込むように行こうとして天狗のコル付近まで下ってみた。しかし、現場へ行くにはリッジを一本越えなければならないことがわかった。さらにその先、どれぐらい登り返しがあるのかわからず、ひとりで沢筋をラッセルしてたどり着けるのかどうかも不安だった。また、今回のルートは初めてたどるものであり、周辺の地理感がないことも躊躇の一因となった。

そうしたことを考えると、どうしてもリスクのほうが大きいように思えてきたので、あきらめていったん引き返した。

次に試みたのが、落下地点から懸垂下降をして現場に行くという方法であった。ロープを出して岩に支点をとり、懸垂下降すること四〇メートル。しかし、ロープはまだ沢には届いていない。それより下はロープが岩から離れ、さらに下るには空中懸垂を強いられることになった。

山本はどのあたりにいるのか、そこへはどれだけ下れば到達できるのか。下のほうはガスの中で、状況がまったくわからなかった。

ロープにぶら下がりながら再びコールをかけてみると、返事は返ってくるものの、なにを言っているのか聞き取ることができない。山本のケガはどの程度のものなのか、もし現場にたどり着けたとして、はたして自力で助け出せるものなのか。

時刻は午後四時十分。この時点で木内は自分ひとりの力だけではどうにもならないことを悟り、救助を要請することを決めたのである。

およそ三十分をかけて、山本は岩陰のところまでたどり着いた。岩にハーケンを二本打ち込み、そこにシュリンゲを引っかけてツエルトを張った。共同装備のツエルトを山本が持っていたのは、不幸中の幸いだったといっていい。そのほかには五日分の食料とガスストーブ、コッヘル、ヘッドランプ、ラジオ、シュラフ、カメラなどを所持していた。

ツエルトの中に入り、シュラフにもぐり込むと、少しはホッとした気持ちになれた。足の骨折箇所は、体勢を変えたり身動きしたりするときに痛みが走った。負傷箇所からの出血はないようだったが、念のために足を高いほうに上げて横になっていた。あえて傷を確認しようとはしなかったのは、一度靴を脱いでしまうと、万一行動しようとしたときに患部の腫れによって靴が履けなくなるという話を聞いていたからだ。また脱がないほうが、プラスチックブーツで骨折箇所が固定されている状態になっているのでいいようにも思えた。

食事は行動食のビスケットとカロリーメイトですませた。ガスストーブの使用は雪を溶かして味噌汁をつくる程度にとどめ、なるべく燃料の節約を心がけた。動くことがままならないので、小便に行きたくなったときはアルファ米の空き袋にしてから外に捨てた。

その夜はまったく眠れず、朝までがひどく長く感じられた。このとき山本が着ていたのは、化学繊維のアンダーウェアにアクリルの中間着、そして中綿入りの中厚手のクライミングジャケットとパンツ。足の冷たさは感じたものの、歯の根が合わないほどの寒さではなかった。天気が悪化しなかったこと、ビバーク地点が風下になる長野側だったことも幸いしたようだ。

朝を迎えるまでにいろいろなことを考えたが、自分は助かるのだろうかという不安感は不思議となかった。五日分の食料を食い延ばしていけば、この場所でしばらく耐えられる自信は充分にあった。

「それよりも、助かったときの対外的なことが大変だなあと思ってました。いろんなところに迷惑をかけますから、もし助かったら謝らなくちゃいけないなあとか。そういう意味で、対外的に恥ずかしいなあっていう気持ちのほうが大きかったですね」

もうひとつ気にかかっていたのは木内のことだ。木内は今ごろどこでどうしているのだろうか。まさかアセって行動するあまり二重遭難を引き起こしてはいないだろうか。そのことが頭について離れなかった。

3

懸垂下降した岩場を登り返した木内は、西穂山荘へ向けての稜線をたどり始めていた。一刻も早く西穂山荘に帰り着いて救助を要請しなければ、というプレッシャーが重く木内にのしかかっていた。

すでにあたりは夕闇に覆われつつあったが、ヘッドランプを持っていたし、海外登山で何度も夜間行動を経験していたので怖いという意識もなかった。しかし、午後五時三十分、間天のコルまで来たところで行動を打ち切り、ビバークを決めた。地形的にいって、その先の岩稜帯に雪洞を掘れるような場所はないと判断したためだ。

食器とピッケルを使って体ひとつをなんとか押し込める程度の雪洞を掘り、そこで長い一夜を明かした。ヘッドランプの明かりで地図を見てみると、ビバーク地点が山本のいる沢に向いているような気がしたのでコールをかけてみたが、返事は返ってこなかった。明るくなるのを待ちながら、ひたすら祈り続けた。「とにかく生きていてくれ」と――。

翌四日、天気は曇り。木内は六時四十分に間天のコルを出て、西穂山荘へと急いだ。そしてその約三時間半後の十時十五分、無事、山荘にたどり着いた。

着くやいなや、すぐに電話で長野県の豊科警察署に事故の第一報を入れて救助を要請し、その足で上高地へ下っていった。上高地に着いたときには、すでに豊科警察署の山岳救助隊員が駆けつけてきていた。

バスターミナルの警察官詰所でひととおり事情を説明し終えたときに、関係者のひとりがこう言った。

「あそこから落ちたんじゃ助からないだろう」

その言葉に一瞬、動揺はしたものの、木内は猛然と食ってかかった。

「いや、そんなことはありません。生きているんですから。足か手ぐらいは折れているかもしれないけど、もうすぐ死んでしまうような人間の声じゃありませんでした。元気のいい声が返ってきたんです」

木内の必死の訴えは、生存に否定的な見解を見せていた関係者の心を動かしたようだった。山本の捜索・救助活動は、遭難者が生存しているという前提のもと、明日五日にヘリコプターを使って行なうことが決定したのである。

その日の夕方、木内は再び西穂山荘へと上がっている。西穂山荘に行かなければならない理由はなかった。むしろ、逐次情報が入ってくる上高地で待機していたほうが都合がよかったはずである。なぜそういう行動をとったのか、木内自身にも説明がつかないという。あるいは、ケガを負ってひとり山のなかでビバークをしている山本のことをおもんばかり、わずかでも近い場所に身を置いていたいと無意識に思ったのだろうか。

山荘への山道をひとりたどっていると、さまざまな想いが胸に去来した。歩きながら、木内は男泣きに泣いていた。

西穂山荘からは、海外遠征に同行したメンバーをはじめ、知りうる限りの山仲間に電話をかけまくった。天候が悪くなればヘリは飛べず、救助は人海戦術になるかもしれない。「そうなったときには力を貸してくれ」という、協力を要請するための電話であった。

どんよりとした曇り空の下、人間ひとりがなんとか横になれるほどの岩壁の基部で、山本は四日の朝を迎えた。

木内が無事たどり着いてくれていれば、今日中に救助に来てくれるだろうという期待があった。その一方で、このまま救助を待つだけでいいのだろうかという不安がなかったわけではない。地図を広げ、今、自分がどのあたりにいるのか見当をつけ、そこから上に登れるのか、あるいは下っていけるのかを考えた。動けるような状態ではないが、少しでも動けるのだったら動いてみようか……。

ツエルトから這い出た山本は、移動を試みてみた。立つことはできないので、四つん這いになって雪の上を上り下りすること数メートル。が、足首が雪面に当たるたびに激痛が走った。とてもじゃないが長い距離を移動することは不可能だと思い知って、自力で行動しようという考えは、あっさりと捨てた。

空のほうを見上げていると、ときたま雲がとれて穂高の稜線が見えた。その光景は、今でも鮮明に思い起こされる。

「山の稜線がモノクロのトーンで見えていたんです。なんか、自然に突き放されたような気持ちでしたね。何事もなく山を登っているときは、また見方が違うんだろうけど、自分がなにもできない状態ですから、突き放されているというか……。健康であれば登ることによって山と関わることができるのに、こういう状態だと関わることができないというもどかしさみたいなものがありましたね」

はるか上空からは、旅客機の飛ぶ音が聞こえてきた。人工のものを拒絶する場所に入り込んでくる人工の音。それを求めたくても求められない無力感。なんで自分だけこんなところにいるのだろうという疎外感。その旅客機の飛ぶ音が、山本にはなんともやりきれなく聞こえた。

今日は救助が来てくれるかもしれないという期待は、時間が経つにつれ、「やはりダメか」という気持ちに変わっていった。たまに稜線に向かってコールをかけてみたが、静寂のなか、かえって虚しさが増すばかりだった。

つけっぱなしにしていたラジオからは、自分に関する遭難のニュースは一度も流れなかった。それがいっそう不安を募らせた。「まだ連絡が届いていないのだろうか。もどる途中で木内になにかあったんだろうか」と、そのことばかりが気になった。

長期戦を覚悟していたとはいえ、考えはどうしても悪いほうへといってしまい、ともすれば気力がそがれそうにもなった。だが、いくら心配しても、動けないのだからどうすることもできない。結局は、救助を待つしかなかった。

そうした精神的な重圧のなか、取り乱さないでいられたのは、いい条件が重なったからだろうと、山本は言う。

たとえば天候。ビバーク中の天気は決してよくはなかったが、かといって〝荒れる〟というほどではなかった。それが猛吹雪にでもなっていたら、状況はまたずいぶん違っていたはずである。

この日のラジオの天気予報は、「明日は天気が回復する」と告げていた。それがまた支えになった。

「今日はこんな天気だから無理だったのかもしれないけど、明日、天気がよくなったら来てくれるだろうという期待はありました。ですから天気予報を聞くことによって持ちこたえていた部分、期待をつないでいたところはあると思います」

ケガにしてもそう。足の骨を折る重傷だったとはいえ、出血はほとんどなく、自分で傷を確認したわけでもない。それがもし大量の出血を見たり腕がちぎれたりするようなケガであったら、おそらくパニック状態に陥っていただろうと山本は言う。

「山の本とか、けっこう読んでいるんです。当然、遭難の話もいっぱい読んでますから、落ちたときの状態だとか、遭難して救助を待っているときの状況とか、そういうのを知識としては持っているんですよね。そうしたことと照らし合わせてみると、条件的にはいいほうかなと思えました」

4

予報どおり、五日は朝から快晴の天候となった。朝のうちに再び上高地に下りてきていた木内は、とにかく一刻も早くヘリが飛んでくれということだけを願っていた。

「事故に至るまでの自分のいろんなミスが頭をよぎっていくわけですよ。思い返してみたら、振り返ったときにザックが当たって落ちたとしか考えられなかったんだよね。だから行動中にロープをつけていればよかったとか、もっと相手のことを思いやっていればよかったとか、リーダーとしての責任とかさ。山本さんの無事を祈る気持ちももちろんあったんだけど、どうしても自己嫌悪のほうが……」

ところが、そんな木内の思いに反し、午前中に予定されていたフライトは県警ヘリの機体の不備のために中止。十二時三十分になってようやく第一回目の捜索が行なわれたのだが、稜線はガスのなかで、山本を発見できずにヘリは引き返した。

続く第二回目のフライトは、機体を民間の東邦航空のヘリに代えて実施された。捜索は一時間に及んだが、やはり現場周辺の視界が悪く、発見できないまま終わった。

捜索中のヘリからの情報は、木内のいる詰所にも逐一、無線で入ってきていた。が、「発見できず」という報告が入るたびに、木内は大きく落胆した。

三回目の捜索は、午後三時三十分から行なわれる予定だった。「今日はこれが最後のフライトになる」と、関係者が言っていた。それでも発見できず、もし天候が崩れてきたら、おそらくもうダメだろうと木内は思っていた。天候の回復を待ってもう一度救助に向かったとしても、たぶん山本が生きていることはないだろうと。

うつらうつらした一夜が終わってみれば、天気は晴れのようだったが、あたりは一面ガスのなかだった。かろうじて下のほう、岳沢方面だけが遠望できた。

山本はツエルトから出て救助を待っていた。手にはクライミングジャケットとカメラを握りしめていた。ジャケットは裏地が目立つオレンジ色だったので、救助が来たらそれを裏返して振るつもりでいた。

ヘリの音が聞こえてきたのは、昼も過ぎたころだっただろうか。ガスで機体は見えなかったが、ヘリは上空を旋回しているようだった。「来たっ」と心のなかで叫んだ山本は、音のするほうへ向かって夢中でカメラのフラッシュを焚いた。

フラッシュを焚いて合図を送るというのは、その場で思いついたことだった。

山本の仕事場であるコンビナートには煙突が林立している。その煙突には、飛行機やヘリから確認できるように、ふだんは赤色灯が点滅しているのだが、霧の日などには赤色灯が見えにくくなるということでフラッシュタイプの白色光に切り替わる。それを思い出し、カメラのフラッシュは同じ白色光だからガスの中でも届くのでは、と考えたのだ。

しかし、音から判断するに、ヘリはビバーク地点のはるか上のほうを旋回しているようだった。しばらくしてヘリの音が遠ざかったと思うと、今度は下の岳沢方面のほうから音が聞こえてきた。ガスの切れ目からは実際にヘリの機体も確認できたが、距離はかなり遠い。やはり何度かフラッシュを焚いたものの、それに気づくことなく、間もなくヘリは飛び去っていってしまった。

二度目の捜索のときも同様だった。そして三度目、ちょうどガスが切れたときに、蝶ガ岳の稜線を越えてヘリが飛んでくるのが見えた。ビバーク地点からは斜め下方、ヘリが岳沢の夏の登山道の上のあたりにさしかかったときに、再び山本はフラッシュを焚いた。距離はだいぶ離れていたが、その閃光を、ヘリに乗っていた東邦航空の篠原秋彦が見逃さなかった。篠原はのちにこう語っている。

「ほんと、あれは奇跡としか言いようがない。ふつう、あそこから落ちたら間違いなく死んでいるはずなんだから。でも、足の骨を折りながら安全な場所まで移動して三日間持ちこたえた精神力、とっさにカメラのフラッシュを焚いて自分のいる場所を知らせた機転はすごい。あれがなかったら、まず発見できなかっただろうな。絶対に生きて帰るんだという執念だね」

ヘリが自分のいるほうへ一直線に飛んでくるのを見て、山本は助かったことを確信した。アッという間に近づいてきたヘリは、山本の目の前でホバーリングの体勢に入った。ヘリに向かってゼスチャーで「右足がダメだ」と示すと、「そこでじっとしていろ」という合図が返ってきて、ヘリはいったん引き返していった。

再びヘリがやってきたのはおよそ十分後。現場に降りてきたふたりの救助隊員に抱きかかえられて、山本はヘリに収容された。ヘリが来るまでの間にツエルト以外の装備は全部ザックの中に入れておいたのだが、「装備は買えばなんとかなるんだから置いていけ」と言われてザックはそこに放置した。

ヘリに乗っている間は、風がヒューヒューと通り抜けていって、ただ寒かったという印象しかない。だが、自分は片道だけである。その寒さに耐えて往復してくれている救助隊員のことを思うと、とても「寒い」などとは口に出せなかった。

ヘリはいったん上高地のヘリポートに降りた。そこには、関係者に混じって木内の姿もあった。事故以来、ずっと自分を責め続けていた木内は、ヘリから降りてきた山本のそばに歩み寄り、「申し訳ない。とにかくよく生きていてくれたな」と泣いて謝った。

「生きて帰ってくるか、死んでしまうかのどちらかしか考えてなかった」という木内にとっては、最良の結果となって喜びも人一倍だったはずだが、一方で事故の責任を強く感じていただけに、人には言えぬ想いもあったであろう。

ヘリは再び山本を乗せて松本空港へと向かった。機内で山本が篠原に「どうもご迷惑をおかけしました」と言うと、「よくがんばったな」という言葉が返ってきた。

入院した松本の病院には、母親と親戚が駆けつけてきていた。遭難の一報を受けて母親が現地入りしたときに、麓からは北アルプスの連山がよく見えていた。雪を抱いたその美しい峰々を見て、彼女は一瞬、遭難した息子のことを忘れて「ああ、きれいだ」という想いにとらわれたという。のちに彼女は、九死に一生を得た息子に対し、「山に登る人の気持ちもよくわかる」と言ったそうだ。

その年末年始は、山での遭難事故が続発していた。そのひとつひとつが、山本にとってとても人ごととは思えなかった。事故を伝えるニュースを病室のテレビで見ながら考えたのは、「今、この瞬間にも俺と同じ思いをしている人がいるのかなあ」ということだった。

今、山本はフリークライミングと冬のアルパインクライミングを中心に登山を続けているが、ケガの後遺症は残った。足を踏ん張るときに骨折した箇所が痛むのだ。とくに下るときが辛い。だが、山を辞めようとはまったく思わなかった。

山本が考える山登りのおもしろさとは、やはり〝厳しさ〟である。

「危ないところに魅力があるというのはたしかだと思います。だから僕が感じるのは、山のリスクを超えていくおもしろさといったところですかね」

今、事故を振り返ってみると、経験的にも技術的にもまだまだ未熟であったという気がしてならないと、山本は言う。「未熟であった」と言うならば、たしかに、安全だと思われた場所で一瞬、気を抜いたことが事故の原因となっている。

が、その油断は「木内についていけば間違いない」という依存心から生じたものではないのだろうか。

事故のあと、山本が自分に言い聞かせるようになったのは「相手任せの山登りはしない」ということだ。

「よくあるのが、誰かに連れていかれるというパターン。そういうときには、意識しないうちに安易なほうに流されてしまうことがよくありますよね。誘うほうは『どうってことないから』って気軽に言うけど、行ってみると『アッ』と感じたり。岩登りでもそうですよね、『大丈夫だよ、山本さんなら登れるよ』と言われて取り付いてみたら登れなかったり。結局、相手任せにしてしまっているんですね。自分で登れるのか登れないのかの判断がつかない。そういうことに注意していかなければならないと思うんです」

そう思うようになったのはおそらく、事故に遭遇したときの山本がまさに〝木内任せ〟であったからだと想像するのである。

今、あのときの未熟さをカバーできるようになっているのかというと、そうもいえない。常にちょっとしたスキでやられるのが山である。どこまでがOKでどこまでがダメなのかという境界線がない。そういう意味ではいつも未熟な自分を自覚しているという。

「そのことを反省し、そのことを思いながら現在に至っているわけです」


山本は、あの事故の検証をまだ行なっていない。

山で遭難して生還した人のその後は、ふたつのタイプに分けられる。自分が遭難した場所に今一度赴いて行かずにはいられない人と、自分が遭難した場所には近づけない人の、ふたつのタイプである。どちらかといえば後者に当たるのが山本だ。

事故のあと、山本は槍ガ岳や穂高岳周辺へ何度か足を運んでいる。が、西穂高岳から奥穂高岳のルートだけは、まだたどっていない。一九九八（平成十）年のゴールデンウィークに、このコースを逆にトレースしようとして出かけたものの、足の調子が悪くなり、横尾のあたりで引き返してしまっている。

「やっぱり気後れしますよね。ほんとうはもう一度検証すべきなんでしょうけど。実質的な反省は、たしかにしていないのかもしれません」

あのビバーク地点で、今まさに東邦航空のヘリに救助されようとしていたとき、救助隊員に「装備は買えばなんとかなるんだから置いていけ」と言われ、山本は「よし、だったら回収しに来るぞ」と思ったという。

その自分との約束は、まだ果たされていない。

十七日間の彷徨

志賀／岩菅山

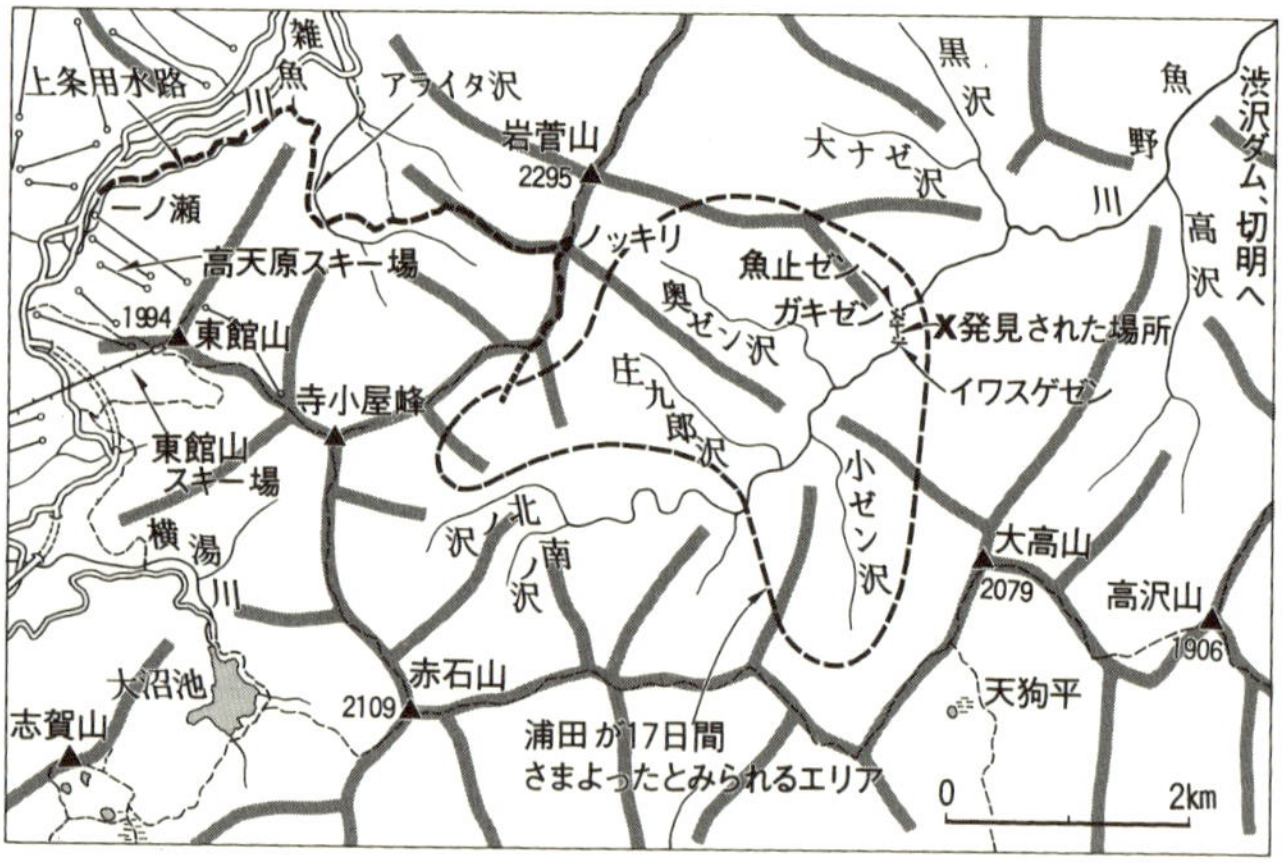

雑魚川
上条用水路
アライタ沢
岩菅山
2295
一ノ瀬
高天原スキー場
ノッキリ
黒沢
魚野川
大ナゼ沢
高沢
渋沢ダム、切明へ
魚止ゼン
ガキゼン
奥ゼン沢
X発見された場所
イワスゲゼン
1994
東館山
寺小屋峰
庄九郎沢
東館山スキー場
北ノ沢
南ノ沢
小ゼン沢
横湯川
大高山
2079
高沢山
1906
大沼池
赤石山
2109
天狗平
志賀山
浦田が17日間
さまよったとみられるエリア
0
2km

1

上信越国境付近の岩菅山に源を発し、津南で信濃川に注ぎ込んでいるのが魚野川。その源流付近は大小の滝が連続する深い渓で、いまだ原始の色が濃く、沢登りの技術を有する限られた者の侵入しか許していない。

毎年五月の第四週、大場誠(54)は気の合った仲間とともに魚野川へ釣りに出かけるのを楽しみにしていた。まだ雪がかなり残るこの時期に行くのは、まずほかに入る釣り人がいないからで、たいていは大場たちがその年のいちばん乗りの入渓者となっていた。

一九九九(平成十一)年、この年で十一年目を迎える魚野川渓流釣り遡行の実施期日は、五月十八日から二十二日までと決定した。例年だとリーダー格の大場を含めて三人のパーティで遡行していたのだが、この年は新人がひとり加わり、四人で行くことになった。

大場の釣り歴は十五年ほどだが、山好きな父親に連れられて小学生のころから山に親しんでいたため、渓流釣りを始める前から山登りの素地はできあがっていた。最初のうちはおもに東北の沢を歩いていたが、魚野川の源流を知ってからは、その手つかずの自然にぞっこんとなり、魚野川詣が毎年五月の恒例行事となったのである。大場がこう言う。

「ほかの釣り人は梅雨が明けるか明けないかのころに遡ってくるんです。そのころにはなんでもない沢になっていますから。この時期にリスクを背負って上がってくる人はほかにいませんよ。釣りだけじゃなく山という楽しみがないと、みんな舌を巻いて下りちゃう。やっぱりある程度、山をかじっている人間じゃないと」

五月十八日、大場らは関越自動車道を経由して長野県の秋山郷に入り、和山温泉の雄山荘に旅装を解いた。毎年、魚野川の遡行の前後には必ずこの宿に泊まり、宿の主人を交えて一杯やるのが慣例となっていた。

翌十九日は朝七時に宿を出発。梅雨前線の通過に伴い、前日の夕方から降り続いていた強い雨は、出発時にはすでに上がっていた。一行は切明の車止めに車を置き、林道入口で山の神様に「今年もよろしくお願いします」と一礼して林道をたどり始めた。

例年この時期、切明から渋沢ダムへ行くには小沢に張った雪渓を三カ所越さなければならない。ひとつめとふたつめの雪渓は難なく通過できたのだが、この年の冬は雪が多かったせいか三つめの雪渓がクレバス状になっていて、どこが厚くどこが薄いのか見当がつかないような状態であった。

その三つめの雪渓を、先頭に立った大場がいちばん厚そうな箇所を選んで渡り始め、ちょうど中間あたりまで来たときだった。突如、ドーンという音が響き渡ったかと思うと、六畳間ほどの広さの範囲で陥没した雪渓もろとも、三番目を歩いていたSが穴の中に落ちてしまったのである。その陥没は、大場が「Sはもう完全に死んじゃったと思った」というほどのド迫力であったが、三人で「S、大丈夫か」と何度か大声で叫ぶと、大場の足元に開いていた穴から「大丈夫です」という声が聞こえ、間もなくしてもそもそとSが這い出してきた。Sが負った傷は手の擦り傷程度で、一同、ホッと胸をなで下ろしたのだった。

約四時間かけて渋沢ダムに到着すると、そこから先はいよいよ本格的な魚野川の遡行が始まる。トレッキングシューズをウェーディングシューズに履き替えた四人は、渋沢に架かる吊り橋を渡り、本流へと下りていった。

昨夜の強い雨のためか沢の水量が多い。徒渉に苦労しながら千沢との合流点を過ぎ、左岸を高巻いて川通しに行こうとするが、水量が多く徒渉していくことができない。しかも両岸とも切り立っているので、高巻くことも不可能だ。例年だともっと先の黒沢出合にテントを張るのだが、とてもそこまでは行けそうになかった。結局、テントの張れる場所までもどることになり、二十分ほど下ったところにいいテント場を見つけたので、そこにテントを張ることになった。

翌二十日は五時起床。朝から気持ちのいい快晴である。

朝食をすませ、テントを撤収して六時に出発。雪解け水で水量が増える前に、昨日渡れなかった箇所を渡ってしまおうという魂胆であった。その地点にさしかかると、水位が二〇センチほど下がっていたので、四人で肩を組んでどうにか渡ることができた。それからしばらくで高沢の出合。高沢の水量の多さは大場がア然とするほどであった。

高沢出合から八メートルの大滝を過ぎ、一時間ほどで黒沢の出合に着いた。予定より一日遅れのベース到着である。さっそくテントを張り、しばし休憩したのちにみんなで本流を釣り上がる。夜は釣ったイワナを肴に、焚き火を囲みながらの宴会。前日の苦労話などで夜遅くまで盛り上がった。

二十一日も朝から快晴となった。五時に起き、朝食をとりながら今日の予定を相談した結果、バテぎみのSとIはテントサイトの近くで、大場とMは本流を遡って、それぞれ釣りを楽しむことで話がまとまった。

大場とMは八時にベースを出発、黒沢出合から数えてひとつめの滝、高さ八メートルの魚止ゼンに十時四十分ごろ到着した。この滝は、水量が少ないときは右岸から直登できるのだが、水量が多かったため、二〇〇メートルほどもどって左岸から高巻いた。

高巻きを終え、竿を出しながらふと前方を見たときである。一〇〇メートルほど離れたところに太い流木が横倒しになっていて、その上に人間らしきものがうつぶせになっているのが大場の目に飛び込んできた。その物体を見つめたまま、大場がMに言った。

「おい、あれは人間じゃないか」

Mが大場のほうににじり寄ってきながら答えた。

「ええ、たしかに人ですよ」

楽しみにしていた一年に一度の釣行でオロク（死人）を見つけてしまい、大場の表情には困惑の色が広がった。

もしその人が半死半生の状態で生きているならば、すぐにでも下山して救助を要請するのは当然として、死体の場合でもすぐに知らせなければならないのか。死んでいるのだから、別に慌てて下山する必要はないのではないか。でも、死体をそのままにして釣りをするのも気分のいいものではないし。いや、まいった。エライものを見つけてしまったな。

そんなことを考えながら大場とMはそろりそろりとオロクに近づいていった。近づきながら、Mが言った。

「大場さん、見なかったことにしちゃいましょうか」

「いや、そういうわけにはいかないよ」

すぐそばまで行ってみると、それは流木にしがみつくようにして横たわった男性登山者のようであった。かたわらには登山靴が置いてあり、ナップザックとカメラが流木の枝にかけられていた。遠くから見たときは間違いなくオロクだと思ったのだが、横からのぞき込んでみると、どうも死人のような顔ではない。

大場は思いきって「こんにちわ」と声をかけてみた。が、返事はない。そこでもう一度、今度は耳元で「こんにちわ」と大きな声を出してみた。

次の瞬間、男がガバッと上半身を起こしたので、大場とMは思わず飛び退いた。男は垢にまみれ、無精髭が伸び、顔には軽い凍傷を負っていた。その姿はまるでホームレスのようだったと大場は述懐する。

大場とMの姿を認めた男はこう言った。

「捜索隊の方ですね。助けに来てくれたんですね」

「いや、私たちは釣りでこっちに来ているだけなんですけど。いったいどうしたんですか」

「いや、実は私、五月の六日に志賀高原の一ノ瀬から岩菅山に登ろうとして……」

男の口調ははっきりしていたが、「五月の六日」と聞いて大場は話をさえぎった。

「おじさん、ちょっと待ってよ。今日は五月の二十一日ですよ」

そのとき大場が思ったのは、このおじさんは山で道に迷い、二、三日、山のなかを彷徨っているうちに頭がおかしくなっちゃったんじゃないのか、ということだった。

ところが大場の「今日は五月の二十一日ですよ」という言葉に、男は「そうです」と答えたのだ。男は再び最初から語り始めた。

2

男は大阪市北区在住の浦田栄一(59)。一九九九年五月二日、浦田は妻と母親とともに妹夫婦の運転する車で一路、草津温泉へと向かった。草津の温泉街には、浦田が会員になっているリゾートマンションがあり、そこでゴールデンウィークを家族らとともに過ごすつもりであった。その合間に、山好きの浦田は草津白根山と岩菅山に登ろうと考えていた。

浦田は一九四〇(昭和十五)年、富山県富山市に生まれ、大阪で育った。大学受験に失敗して一浪していたときに九州一周旅行に出かけ、そのときに阿蘇山に登ったことが山登りを始めるきっかけとなった。

東京の大学に在籍中は、北海道、東北や四国などを旅しながらその地方地方にある山に登り、卒業して教鞭をとっていた五年ほどの間にも中央アルプスや南アルプス、八ガ岳、秩父などの山々へ足を延ばした。山行形態は無雪期の尾根歩きや縦走がほとんどで、気楽かつ計画が立てやすいということで単独行が多かったという。

家業の不動産賃貸業を継ぐために大阪にもどってきた一九七〇（昭和四十五）年以降は仕事が忙しくなり、山からはずっと遠ざかっていたが、四、五年前より運動不足による肥満を解消するために山登りを再開。比良山、六甲山、金剛山など周辺の低山を中心に、多いときは毎週のように山を歩くようになった。

また、低山ばかりではなく、ときには中級山岳や三〇〇〇メートル級の山々にも足跡を印した。たとえば一九九七（平成九）年の八月にはひとり光岳から聖岳、赤石岳を経て三伏峠までの南アルプス南部を九泊十日で縦走。一九九八（平成十）年の夏にも長男とふたりでテントを担ぎ、ワサビ平～三俣蓮華岳～雲ノ平往復～槍ガ岳～上高地のコースを歩いている。

いずれのコースも歩く距離は長い。それを歩き通せるというのは、五十代後半という年齢にしてみたらなかなかの体力だと思う。

そうした甲斐あってか、山登り再開前には八〇キロあった体重は、一九九九年のゴールデンウィークの時点では七四キロほどになっていたという。

さて、五月二日、草津へ向かう高速道路は断続的に渋滞しており、朝七時前に家を出たのに、草津に到着したときはもう夕方の六時ごろになっていた。その途中、梓川のサービスエリアで休憩をとったときに、浦田は売店でワサビ入りマヨネーズを見つけた。以前、信州へ行ったときにお土産に買って帰ったら子どもたちに好評だった一品である。そこでこのときも妻に「子どものお土産に買っておけ」と言って求めさせたのだが、これがあとで浦田の命を救うことになると、このときいったい誰が想像したであろうか。

翌三日、浦田はほかの者と行動を別にし、ひとりで本白根山へ登った。四日は家族といっしょに観光してまわり、五日の朝にみんながひと足先に帰ったあとは、周辺の滝を見物して歩いた。予定では翌六日に岩菅山に登り、長野駅から出ている夜行バスに乗って七日の朝に大阪へ帰ることになっていた。

六日の朝、自分で米を炊いて朝食をとり、残ったご飯で小さめのおにぎりを四つ作った。二、三個残っていた生卵は卵焼きにした。そのほか、冷蔵庫には、かまぼこ一本、薄切りハム一パック、納豆ひとつ、リンゴ一個、レモン一個、若干の生野菜(ニンジン、キュウリ、レタス)、使い残しのチューブ入りバター、わずかに使ってあったマヨネーズ一本(三〇〇グラム入り)、アメ玉三個、そして妻が持って帰るのを忘れていたお土産のワサビ入りマヨネーズが一本残っていた。

これらをすべてザックに詰めて、浦田は草津温泉八時五十分発のバスに飛び乗った。白根火山と蓮池でバスを乗り換え、一ノ瀬に着いたのが午前十一時過ぎ。スキーゲレンデのそばにあるホテルの従業員に登山口を尋ね、歩き始めたときにはすでに十一時三十分になっていた。

用水路の登山道を登っていくと、間もなくして雪が現われ始めた。登るにつれだんだんと雪は多くなり、アライタ沢を過ぎるころには完全な雪道となっていた。天気はよく、高度が上がるとともに雪はザラメの状態になり、踏みしめると登山靴がサクッとわずかに沈んだ。トレースはなく、ほかに登山者は入っていないようだった。

斜面を巻くようにして稜線上のノッキリに飛び出ると、あたりは一面白い雪に覆われていた。ノッキリからは岩菅山が望めたが、頂上付近には雪が少ないようだった。時計を見た覚えがないのではっきりしないが、この時点でもう午後三時近くになっていたと思われる。なにしろ出発時間が遅すぎた。帰りのバスの時刻を考えると時間的な余裕はなく、ここで浦田は岩菅山のピークを踏むことをあきらめた。

もし、このとき浦田が登ってきた道をたどって一ノ瀬に下りていれば、おそらく何事もなく予定通りに大阪行きのバスに乗れていたであろう。が、同じ道を引き返すのはおもしろくないと考え、寺小屋峰経由で東館山へ下りようとしたのである。
それが事の発端となった。

3

ノッキリから寺小屋峰への登山道はほとんど雪に埋もれていた。それでもところどころで雪が途切れて登山道が見えたので、コースを間違えていないことが確認できた。稜線の両サイドの雪面からはクマザサがまばらに生え出ていて、樹間からの見通しもある程度はあった。が、二時間歩いても三時間歩いても、まだ寺小屋峰へは着かない。雪があることを差し引いても、とっくに寺小屋峰に着いていなければならないはずだった。しかし、「時間がかかるなあ」とは感じたが、まだ「おかしいな」とは思わなかった。

予約を入れてあった大阪行の高速バスは長野駅発二十二時三十三分。長野行の最終バスには間に合わせるつもりでいたが、たとえ下山が遅くなって間に合わなくとも、タクシーを呼べばいいいと思っていた。

アップダウンを何度も繰り返しているうちにしだいに雪は少なくなり、いつしか樹林帯のなかを歩くようになっていた。このとき浦田は「これで歩きやすくなる」とホッとしたというが、あとから考えてみればそれが大きな間違いだった。というのも、ノッキリから寺小屋峰まではほぼ二〇〇〇メートルちょっとの稜線が続いているので、もし正しいコースをとっていたなら、ずっと雪がなければおかしいからだ。雪がなくなってきたということは、つまり標高がどんどん下がっているということであり、それは道を間違えていることにほかならなかった。浦田は稜線から枝尾根に入り込んでしまったのだ。

「自分ではコースどおりに歩いていたつもりだったんですけど、どこかで外れてしまったんでしょうね。それでもおかしいなとは思わなかったんですよ。登山道を外したと思っていたら、どこかの時点でもどろうとしていたでしょうからね」

しばらくして、開けた平坦地にポンと飛び出した。下方には新しく切り倒したような木があった。それが登山道の修復に使われているように見えたので、その倒木に向かってやみくもに下り始めた。下っていく途中であたりはすっかり暗くなり、倒木も見えなくなってしまった。タイムリミットである。このときになって初めて道を外してしまったことに思い至った。時計の針は午後七時二十分を指していた。

浦田は行動中にまったく時計を見なかったという。バスの時刻に間に合わせなければという焦りが気持ちに余裕を失わせていたのだろう。ある意味では一種のパニック状態に陥っていたのかもしれない。そうでなければ、道に迷ったことに気づかず、また何時間歩いても寺小屋峰に着かないことをおかしいとは思わずに行動し続けるはずがない。

とにかく、すべては時間的な余裕のなさから生じたことなのである。

灌木帯の斜面で、浦田はビバークを決心した。すぐそばにはせせらぎがあり、のどが渇いたらすぐに水を飲むことができたが、土と小石混じりの地面に足を延ばして横になると寒さがじわじわと身に染みてきた。

このときの浦田の服装は、靴は革製の登山靴、下はニッカーボッカーにウールのニッカーホース、上は綿の長袖のアンダーウェアに化繊の長袖シャツ、さらに登山用の長袖シャツを着て、その上から防寒具のアノラックと雨具を着込んでいた。持っていた装備は折畳み傘、一眼レフカメラ、サンダル、雨具、上下の夏用パジャマ、タオル二本、二万五〇〇〇分ノ一地形図、食料など。ストーブ、コッヘル、マッチ、ライター、ヘッドランプ、コンパス、ツエルトなどは持っていなかった。

その夜は寒くて一睡もできなかった。翌朝には帰れなくなったので家族は心配するだろうが、連絡のとりようがないのだから仕方がない。だが、翌日には下山できるものと思っていた。よもや十七日間も山のなかを彷徨うことになろうとは想像もしていなかった。

七日の朝は、あたりがはっきりと見えるようになった四時半ごろから行動を開始、来た道をもどることにした。

が、予期せぬ事態に陥ったことで気が動転していたのだろう、浦田はすでに冷静な判断を下せなくなっていたようだ。もしこのとき、コンパスは持っていなかったにしろ地図を広げてだいたいの現在地の見当をつけていたら、あるいは前日に出た開けた平坦地に出ようとしていたら、状況は変わっていたかもしれない。ところが、浦田は周囲の地形を注意深く観察することなく、稜線をめざしてひたすら上へ上へと向かってしまったのである。

しかし、道なき道の山中のこと、わずかに登ると障害物が現われて前進を阻まれた。やむをえずしばらく下ってからまた登り返すのだが、再び障害物が行く手を阻む。そのようにして何度、登っては下り、下っては登ることを繰り返しただろうか。

歩きながら考えるのは「今日中に家に帰らなければ」ということであり、足元だけを見つめてただ黙々と歩き続けた。いつしかまわりにはシャクナゲの灌木が目立ち始め、どの山かはわからないが、前方には三角錐の山がそびえ立っていた。

早くも夕闇が忍び寄りつつあった。気がついてみると急斜面の岩場に入り込んでいた。その岩場を登ろうとしていたときに、プツンと音がしてザックのショルダーベルトが切れ、なにかが落下していく音がストーン、ストーンと二回響き渡った。見るとザック本体の下にもカギ裂きができていて、水を入れていた酒の空き瓶と傘がなくなっていた。

あたりはすっかり闇に覆われて身動きがとれなくなってしまったので、その岩場でビバークすることにした。この日は早朝からほとんど休憩をとらず、十四時間も歩き続けていたことになる。自分では上へ向かっていたつもりだったが、雪のあるところに一度も出なかったところをみると、たいして高度は稼げなかったのだろう。

ビバーク地は急峻な岩場で横になることもできない。足を投げ出して岩の上に座り、長い夜を過ごした。もうこうなったら三日遅れても四日遅れてもしょうがないという気持ちになっていた。とにかく生きて帰れればいいと。寒さは前日より厳しく、ガタガタ震えながら朝を待った。それでも睡魔は襲ってきて、眠らないように意識を集中させていても、上半身がピクピクと痙攣してハッと浅い眠りから覚めることが何度かあった。

八日、前日に右側から越えようとして越えられなかった大きな岩を左側から登ってしばらく進むと、再び雪が現われてきて尾根に出た。とにかく登るしかない。適当な木の棒を拾い、それを雪面に刺して登っていく。次第に勾配がきつくなり木の棒が邪魔になると、今度は素手のまま両手を雪に突き刺して登っていった。持っていた軍手はどこかに落としてしまっていた。

やがて、右手下方に延びているゆるやかな雪のスロープが現われた。この斜面を左手上部に登っていけば岩菅山に出るような気がした。しかし、それまでに何度かスリップしたときの恐怖が上に行くことを躊躇させた。しばし考えたあげく、岩菅山から遠ざかっていくことを承知のうえで、危険できつい登りよりもゆるやかで楽な下りを選択することにした。

緩斜面の下りはアッという間で、沢の上部に広がる雪渓の上に出た。その雪渓を沢沿いに下っていくと、右手から合流する大きな沢に飛び出した。その合流地点で見つけたのが、竹ひごと糸と釣り針で作られた、新しい魚釣りの仕掛けだった。

浦田は後日の検証で、黒沢を下って魚野川の本流に出たものと見当をつけているが、大場はこう異を唱えている。

「黒沢じゃないと思うな。黒沢はとても人が下りてこられるようなところじゃないんですよ、両側が立っていて。志賀高原の地元の連中が下りるところが奥ゼン沢か庄九郎沢か、あとは野反湖へ行くルートになっている小ゼン沢なんです。下りやすいところを下りてくるとしたら、この三つしかないと思うんです。魚の仕掛けは志賀の地元の連中が作ったものだろうから、たぶん奥ゼン沢か庄九郎沢を下りてきたんでしょう」

浦田がどの沢を下りてきたのかは確認できないが、いずれにしても魚野川本流に出たことだけは確かなようだ。

そこから浦田は下流に向けて左岸を下り始めるが、五分ほどで沢沿いには歩けなくなったので、クマザサの山腹を巻くようにして下っていった。しばらくすると、やはり魚野川の枝沢のひとつと思われる沢に出た。そこに残っていた雪渓を下り、雪渓が切れたところで行動を打ち切った。時刻は午後六時前。この日の行動時間も十時間以上に及んだ。

その夜、薄切りハムとかまぼこを食べてしまい、食料はほぼ尽きた。残っているのは二本のマヨネーズと若干のバターだけであった。

4

四日目の九日は再び魚野川本流に出て、徒渉するところを捜しながら少し下り、流れを対岸に渡った。川幅は五、六メートル、深さは膝のあたり。流れはかなり急で、徒渉の途中で足を滑らせて転倒してしまったが、「あっ、流される」と思った次の瞬間には素早く起き上がり、どうにか対岸にたどり着くことができた。

渡り終えた沢の岸辺に、脱いだ雨具のズボンを畳んで置いた。連日の藪こぎで破れしまい、もう使い物にならないと思ったからだが、そんなものでも少しは防寒の役に立っただろうにと、捨てたことをあとで後悔することになる。

いったい自分が今どこにいるのか、まったく見当もつかなかった。地図は前日、休憩したところに置き忘れてしまっていた。ただ、右手の方向、つまり沢の上流のほうへ向かわなければならないとは、絶えず頭の片隅で考えていた。

魚野川の右岸をわずかに遡り、枝沢に入って再び稜線をめざした。歩きやすい沢だったというから、これが小ゼン沢だったのかもしれない。この日も午後六時ごろには行動を打ち切り、雪の重みでクマザサが倒れた窪地で夜を明かした。

「その夜は浅い眠りがあったんでしょう、夢を見ているんですよ。救出されてテレビ局のインタビューを受けている夢を。番組は『ニューステーション』なんです。〝独占インタビュー〟てことで（笑）」

翌十日は一日中、藪こぎを強いられた。しかし、いくらクマザサをこいでもこいでも稜線に出ない。この日は雪の切れた斜面を捜し、大木のそばで寝た。

十一日、稜線に出ることはあきらめて、沢にもどることにした。魚釣りの仕掛けを見ていたので、沢で待っていれば釣り人が来るかもしれないと考えたのだ。が、沢まで下りられず、途中の樹林のなかでビバーク。その場所を、浦田は柳ノ沢の下部であったろうと推測する。夕方四時ごろ、ヘリコプターの音が聞こえてきたが、ガスっていたため、その姿は見えなかった。

山中を彷徨っているときに雪面に手を突き刺して登っていたためだろう、このころから凍傷で手がきかなくなってきた。両手のあちこちの皮膚が破れて出血し、触れるだけで痛んだ。ものを持てないのである。昼、一眼レフカメラのレンズで光を集めて火を起こそうと考えたのだが、レンズをボディから外すことさえできなくなっていた。

この日から三日間を、浦田は山のなかで過ごすことになった。手に力が入らず、クマザサをつかむことができないため、下るに下れなかったからだ。

十二日の晩、横になりながら、自由のきかなくなった手で傍らの小石を拾い上げてみた。小石程度ならまだかろうじてつかむことができた。なんという気はなしに、小石を並べて「13シス」という字を書いた。

「いえ、ほんとうに死ぬとは思わなかったですけど、そういうこともあるかもしれないなと思って。寝たらそのまま凍死してしまったとか」

十四日になって、ようやく沢に下りることができた。魚止ゼンの上流、ガキゼンとイワスゲゼンの間のあたりに下りてきたものと思われる。

十四日以降、大場らに発見される二十一日までの八日間、二日ほど偵察のため山のなかに入った以外、浦田はほぼこのあたりでじっと救助を待っていた。しかし、十一、十二日に行なわれたヘリでの捜索はなんの成果も得られないまま終了、これをもってすべての捜索が打ち切られたことを、もちろん浦田は知らない。

浦田が八日間を過ごした沢のすぐそば、雪解け水がたまるせせらぎにはヨモギが自生していた。毎朝晩の二回、そのヨモギを口の中に入れて咀嚼し、手の傷に塗った。ヨモギの薬効を知っていたわけではないが、たぶん効くのではないかと思ったからだ。実際、何日かすると凍傷を負った手に少し力が入るようになり、裂傷して化膿していたところも治っていた。このヨモギのおかげでずいぶん楽になったと、浦田は言う。

その谷間の原生林には、朝十時から午後三時ぐらいまで陽が当たった。そこで横になっていると、いつしかぐっすりと眠り込んでいた。逆に夜は寒くて眠れず、夜明けまでがやたらと長く感じられた。

食料は、わずかに残っていたバターがすぐになくなり、マヨネーズが二本だけになっていた。マヨネーズを口にするのは一日二、三回。雪のあるところでは雪の上にマヨネーズをかけて食べ、手が言うことをきかなくなってからは口で吸い出して食べた。十四日に一本目のマヨネーズがなくなって十五日に二本目のワサビ入りマヨネーズを開封するときには、包装を破るのもキャップを開けるのも銀紙の蓋をとるのも歯で行なった。

後日談になるが、浦田が十七日ぶりに救助されたことを伝える新聞や雑誌は、いずれも「マヨネーズで十七日間飢えしのぐ」という点を強調していた。あとで計算してみると、浦田が一日にとったマヨネーズの量は約三〇グラム。カロリーに換算すると約二〇〇キロカロリーになり、これはお茶碗一杯分のご飯とほぼ同じカロリー量に相当する。マスコミが報道したように、たまたまマヨネーズという高カロリー食品を持っていたから生き延びることができたというのは事実であろう。

浦田が大場らに発見されたときにはワサビ入りマヨネーズも残り少なくなっていたが、それを節約しながら食べることで、あと十日間はもたせるつもりだったという。

そのほか、山に自生しているもの、ヤマツツジのつぼみやヨモギ、ワサビなども口にした。そしてもしマヨネーズが尽きたときには、いよいよ最後の手段、沢の周囲にたくさんいたカエルに手をつけようと思っていた。火がなかったので、どうやって食べるのかが問題ではあったが。

過ぎゆく一日一日を数え、今日が何日の何曜日であるかを忘れないように努めながら、浦田はじっと救助を待った。その間には、自分の死についていろいろなことを考えたという。

「まず、死んでしまったらあちこちに迷惑をかけるなあと。すでに会議や会合もいくつか無断欠席していたし。もしかしたら自分の葬式がもう行なわれたのではないかとも思いました。だとしたらどういうふうに執り行なわれたのだろう、家族や親戚は大変だったろうなあとかね。あとは、死んでからでも見つけてもらえるんだったら、発見されやすいところにいなければならないなあとかいうことですよね」

一方で、ただ待つだけではなく、自力で下山することも考えなかったわけではない。下流にある滝がどうなっているかをのぞきに行って、そのまま沢の流れに身を投じてみようかとも思った。運がよければ、生きて下流まで運ばれるのではないかと。

「もし発狂寸前の状態だったらやっていたかもしれません。でも、まだそのときは冷静に考えられましたから。そんなことをしたら、まず死ぬだろうって」

沢のほとりにたたずんでいると、せせらぎの音が人の声や音楽に聞こえたりすることがあった。夫婦の登山者が山道を歩いてきたと喜んだら、それは錯覚であった。思うに浦田は、追いつめられたギリギリの状況下で、ともすれば心神喪失に陥りそうになるのを、その一歩手前で辛うじて踏みとどまっていたのではないだろうか。

浦田自身、何日間でも生き延びるつもりでいたという意志とは裏腹に、生きて帰れる可能性は万にひとつだと思っていたという。その一縷の望みが、途中で見かけた魚釣りの仕掛けであった。すなわち、仕掛けがあるのなら釣り人が来るはずであり、その釣り人に見つけてもらえるだろうという希望的憶測である。それ以外には、どう考えても助かる道はないように思われた。

五月二十一日の朝、いつものようにヨモギで手の治療をしたあと、浦田は大きな倒木の上にゴロンと横になった。天気は快晴で、ポカポカとした陽射しが心地よく、ついそのまま寝入ってしまった。

どれくらいそうしていたのだろう、三十分だったのか一時間以上だったのか、眠っていた意識が遠くから呼びかけてくる声をとらえた。ひと呼吸おいた次の瞬間、今度は「こんにちは」という声がはっきりと耳に届いた。ハッとして飛び起きて振り返ると、そこには釣り人の格好をしたふたりの男が立っていた。実に十六日ぶりに目にする人の姿であった。嬉しさのあまり、思わず声が出ていた。

「捜索隊の方ですね。助けに来てくれたんですね」

5

感情をあらわにすることもなく、事のおおまかな経緯を浦田はとつとつと語った。

話を聞き終えた大場は、「いったいこの人はどうなっているんだろう」と思ったという。

「もし僕が浦田さんの立場だったら、発見されたときに涙を流したり、わっと抱きついたりすると思うんですよ。そういうのは全然なかったですから。涙も流さずによく冷静でいられるなあ、いやたいしたもんだと思いました。逆にいえば、そういう人だから生きていられたんだろうね」

それほどまでに浦田は落ち着き払い、また淡々としていたようだ。

大場が「今、なにか食べられますか」と聞くと「お願いします」というので、昼食用に持ってきたおにぎりをザックから出して手渡した。その際に浦田の手を見て大場は思わずギョッとした。両手は紫色に変色していたうえ、グローブのように大きく腫れ上がっていて、指はまったく使えない状態だったからだ。

浦田は両手で挟み込むようにしておにぎりを受け取り、二口ほど食べたのだが、すぐにのどに詰まらせてしまった。どうやら固形物だけではのどを通らないようなので、ストーブでインスタントの味噌汁を沸かして差し出すと、味噌汁を美味そうに飲みながら、今度は二個のおにぎりをすんなりとたいらげてしまった。

山好きの父親に「山で食べられるうちは絶対に平気なんだ。ほんとうにダメになったときは食べ物がのどを通らなくなる」と子どものころから教えられてきた大場は、浦田がおにぎりを食べたのを見て「これならもう大丈夫だ」と確信したという。

浦田が食事をとっている間、大場は自分たちがテントを張っている場所と現在地を説明し、「テント場まで四、五十分かかるけど歩けますか」と尋ねると、「ええ、歩けます」という答えが返ってきた。しかし、食事後に歩かせてみると、ヨロヨロしていてとてもまともに歩けるような状態ではない。まして途中には滝を巻いて下りなければならない箇所もある。確保しながら担いで下りようにも、二〇メートルのサブザイル一本しか持っていないのではどうしようもなかった。

浦田を連れて下りるのは無理だと判断した大場は、その場で浦田をビバークさせて、自分たちが救助を要請するために山を下りることにした。

「おじさん、僕たちは明日の朝いちばんで山を下りて救助を要請してきます。明後日の午前中までには必ず救助隊に来てもらうようにしますから、それまでの二日間、なんとかここで我慢できますか。テントと食料は用意しておきますから」

その大場の言葉に、浦田は「わかりました。大丈夫です」とうなずいた。そして「救助を要請するときには、救助隊のほうから自宅にも連絡を入れていただくように伝えてください」と言って、Mが持っていたコップに自宅の電話番号を小石で刻んでもらった。

大場たちが救助を要請するには和山まで下りなければならない。一日がかりのコースだが、朝から行動すればその日のうちに連絡がとれ、うまくいけば明日の夕方前までにヘリが飛ぶかもしれない。浦田を発見したあたりは滝の上で開けていたため、ヘリがホバーリングをして浦田を吊り上げることは可能のように思えた。だが、「明日中には助けにくるから」と言っておいて、もしなにかの都合でヘリが飛べずに救助が明日以降になったら、浦田はひどく落胆することになるだろう。だから大場は「明後日の午前中までには~」と言ったのである。

大場は同行のMに対し、今すぐテント場まで下りて、ツエルトとタープと米四合と缶詰とチーズを持ってくるように言った。Mは遭難者と遭遇したことでかなり動揺していたようなので、「上がってくるときにはSといっしょに来るように。なにしろゆっくり行けばいいから」と付け加えた。

Mを待つ間、大場は浦田に「おじさん、俺、ちょっと上に行って釣りをしてくるから」と言って沢を遡っていった。およそ二時間後、石の上に座っていた浦田が肩をトントンと叩かれて振り向くと、いつの間にか釣りからもどってきた大場がアメを差し出していた。

MとSがテント場から装備を持って上がってきたのは、大場が釣り上げたイワナの内蔵をさばいているときであった。MとSの姿を認めた大場は、「ちょっと」と言ってふたりを呼び寄せて、浦田に聞こえないようにこう言った。

「いいか、優しい言葉は絶対かけるな。逆につっけんどんなくらいでもいいよ。俺たちが連れて下りられる状態だったらかまわないけど、あと一日半、ここにひとりでいさせるんだから。精神力はものすごくある人だから、このままの状態でいさせれば一日半ぐらいなんでもない。とにかく優しい言葉はかけるなよ」

優しい言葉をかけることによって、浦田の張り詰めていた緊張の糸が切れてガックリきてしまうことを大場は恐れたのである。が、あとでテント場にもどったときに、MとSから「大場さん、あれは冷たすぎたんじゃないか」と言われたという。

三人はその場でツエルトを張り、四合の米を炊いておにぎりをつくった。おにぎりは二個ずつビニール袋に入れ、指を使わなくても出せるように口の部分に石を置いた。缶詰も全部開けておき、チーズの包みも剝いておいた。焼酎を一杯飲ませて「もう一杯いきますか」と勧めると、浦田は「ええ、お願いします」と答えた。

そのほかにアメ玉十数個、ラジオ、笛、コッヘル、コップ、水を手の届くところに置いた。シュラフはなかったので、薄いビバーク用のシートを提供し、「それにくるまって、ツエルトの中から出ないように」と指示をした。

ビバークの用意をすべて整えた三人は、午後四時十分、浦田に別れを告げて自分たちのテント場へもどっていった。立ち去る前、念を押すように大場が言った。

「あと一日半、我慢してください」

「ええ、大丈夫です。食料もあるし、雨露をしのげるツエルトもありますから。これまでに比べれば天国と地獄です」

魚止ゼンの落ち口まで来て振り返ると、浦田は笑みを浮かべながらツエルトの中から身を乗り出して手を振っていた。

黒沢出合のテント場にもどり、夕食をとりながら浦田の話をしているときに、大場はふと思い出した。東京電力に通じている緊急電話が渋沢ダムにあったことを。それをみんなに告げると、「いや、そんなものは見たことがない」と口をそろえたが、大場には二、三年前に「こんなところに緊急電話があるんだ」と思った記憶がたしかにあった。渋沢ダムに緊急電話があれば、和山まで下りずに救助要請の連絡を入れられる。昼ごろに渋沢ダムに着けば、間違いなくその日のうちにへリで浦田を救助できるだろう。

大場らがそんなことを話しているとき、浦田はひとりテントの中で眠れずにいた。気温も下がったようで、その日はことに寒く感じた。しかし、眠れないことも寒いことも、浦田にはさほど苦にならなかった。それは、大場たちに発見されたことによって「生」への確約が得られたからにほかならない。「これでようやく家族を安心させられる。そして明後日には間違いなく救助隊が来てくれる」と思うと、体の底から安心感と嬉しさが込み上げてきて、とても眠るどころではなかったのだ。

翌二十二日、朝食をとり、テントを撤収し、帰り支度をすませた午前九時、大場らは黒沢出合を出発して渋沢へと向けて下っていった。トップを歩いたのは大場だが、浦田のことを考えるとどうしても速足になってしまう。今回初めて来たIが「膝が痛い」と言って遅れがちになり、それを待つたびに大場の苛立ちは募った。

沢を下りながら大場が終始考えていたのは、「ほんとうにこれでよかったんだろうか」ということであった。

「自分ではあの判断は絶対間違っていなかったと思っています。でも、浦田さんをひとりあの場所に置いてきたということに対してプレッシャーはありました。なんで置き去りにしたのかと、あとで問題になるんじゃないかって。食事が喉を通らないというんだったら話は簡単だったんですよね。とても置いてはこられないから。あの時点だったら時間的にも充分下りられるしね。正直な話、あれでよかったのかと何度も自問自答しました。ただ、ハンパなルートじゃないですから、連れて下りるとなると当人は痛い思いをするだろうし、こっちも大変な思いをするだろうしね。私も三人の人間を連れてきているわけだし。もし『置いていかないでくれ、連れていってくれ』って言われたら、もっと考えていたかもしれません。なんとかなったかどうかはわかりませんが」

渋沢ダムに到着したのは午後一時。大場の記憶どおり、やはりそこには東電に通じる緊急電話があった。すぐに大場が電話をかけると、東電の事務所の警備員らしき人が受話器を取った。大場の話を聞いた相手はすっかり慌ててしまったようで、その様子が電話を通して伝わってきた。第三者を仲介しての警察との連絡はなかなかスムーズにはいかず、しまいには警察につながっている電話の受話器と大場につながっている電話の受話器をくっつけてもらい、大場が直接、警察に状況を説明して救助を要請するという形になった。

連絡を終えて、大場らはようやく肩の荷を下ろしたような気分になれた。みんなで遅めの昼食をとり、食後のコーヒーを飲んでいると、ヘリコプターが志賀のほうからやって来て切明方面へと飛んでいった。その二、三十分後、ウェーディングシューズを登山靴に履き替えてぼちぼち下ろうかとしていたときに、先ほどのヘリがもどってきて、大場らが下ってきた谷のほうへと消えていった。それこそが浦田を救助に行ったヘリに違いなかった。

切明へ下るルートは、たった三日間の間にもずいぶん様子が変わっていた。来るときにあれほど大変な思いをして渡った雪渓も、難なく通過することができた。最後の急坂を下り、魚野川の本流に架かる吊り橋を渡ると、そこには警察官と雄山荘の主人が待っていた。「すでに浦田は救出されて病院に運ばれている」という報告を受けたのは、大場らがちょうど宿に帰り着いたときであった。

前夜、まったく寝られなかった浦田は、二十二日の朝、大場らが作ってくれたおにぎりを食べ、午前中はツエルトの外に出て日なたぼっこをして過ごした。昼前に焼酎を二杯飲んでツエルトの中に入ると、やがて睡魔が襲ってきてそのまま寝入ってしまった。

数時間後に目を覚まし、のどが渇いたので沢に水を汲みにいったときである。どこからともなくヘリの音が聞こえてきた。慌ててツエルトのところまでもどる間にも音はだんだんと大きくなり、一分もしないうちにヘリが頭上に姿を現わしてこちらへと向かってきた。時計を見ると針は午後四時十分を指していた。

ヘリは救助隊員をひとり地上に降ろすと、いったんその場を離れた。ロープを伝って対岸に下りた救助隊員は、沢を徒渉して浦田のほうにやってきた。その間、浦田は不自由な手で四苦八苦しながら靴を履き、荷物をザックに詰めようとしていた。浦田と対面した隊員はハーネスを浦田に装着させ、次に素早くツエルトを撤収して浦田のザックの中に入れた。そして「座っているように」と浦田に指示し、無線機でヘリとの交信を始めた。間もなくして再びヘリの音が聞こえてくると、隊員は今一度、浦田に装着させたハーネスをチェック、問題がないことを確認し、ヘリから降ろされたロープにふたりいっしょに吊り上げられて機内に収容された。

機内では住所、氏名、年齢、職業などを聞かれたのち、両手の凍傷に応急処置が施された。ヘリから救急車に移し替えられ、中野市の北信総合病院に入ったのが午後五時一分。ただちに両手の治療を行なったのだが、浦田が十七日間行方不明になっていたことを知らなかった形成外科の担当医は、浦田の傷を診て「こんな傷で入院するのか。泊まる所がないのか」と言ったという。

「両手はパンパンに腫れ上がっていて、感覚がない箇所もありましたから、指を落とさなきゃならないのでは、と心配していたんです。だからそれを聞いて安心しました。傷は軽いんだな、指は大丈夫なんだなって」

結局、浦田が負ったのは両手の凍傷と切り傷程度。救出された日の夜には脱水症状を起こして熱が三十八度以上にまで上がったが、翌日にはほぼ回復。その日の夜行バスで大阪へともどった。帰ってきて体重を計ってみると、遭難以前より一〇キロマイナスの六四キロにまで落ちていた。

6

浦田にとって、岩菅山はかねてから行きたいと思っていた山のひとつであった。一歩間違えば長野オリンピックのときに開発で荒らされていた山。それを地元の人たちが反対して自然を残した山。その山に一度は登ってみたかった。

「で、たまたま草津に行くついでに……。ついでに行こうというのが甘かったですね。安易な気持ちで入ったのがあかんかったと思います」

そもそもは、浦田自身も認めているように、十一時三十分という、かなり遅い時間から登り始めたことが大きな間違いであった。そのうえ、長野駅発二十二時三十三分の夜行バスに乗って帰らなければならないという時間的な制約も、大きなプレッシャーとなっていた。一日目、道に迷ったことにも気づかず、また地図も見ようとせず、ただがむしゃらに下っていってしまったのは、時間的に徐々に追いつめられて冷静さを失っていったからであろう。

もし二日目に浦田が我に返り、地図を見ながら来た道を引き返すような行動をとっていれば、あるいはその日のうちにすんなりと下山できていたかもしれない。だが、二日目以降も冷静さを欠いたまま、やみくもに山中を迷走し続けてしまう。

それとは対照的に、魚野川のほとりでじっと救助を待とうと決めた九日目以降は落ち着きをとりもどし、精神的な強さを発揮する。実際、開き直ってからの浦田はタフだった。大場が浦田を発見したときにも、あまりにも落ち着き払っていたので驚いたと述べているが、そうした冷静さ、精神的な強さを一、二日目に見せていれば、事はこれほどまでに大きくなっていなかったに違いない。逆にいえば、予想外の事態に陥ったことで、ふだんの自分を失うほど気が動転し、結果的に判断を誤ってしまったということなのだろう。

これは、言うなれば危機に直面したときの気の持ちようの問題である。そこに浦田の精神的な脆さがあるように思う。

もうひとつ、指摘すべき問題点は装備についてである。いくら日帰り登山とはいえ、コンパス、ストーブ、ライターあるいはマッチ、ヘッドランプを持っていなかったのはお粗末と言われても仕方あるまい。まして雪のある時期のこと、万一のことを考えてツエルトや着替え一式ぐらいは持って当然である。また、山中を彷徨っているときにザックのショルダーベルトが切れたり本体に穴が開いたりして、装備を紛失してしまっているが、これも事前にザックのチェックを怠った浦田のミスといえよう。

もし、浦田が必要充分な装備をしっかりしたザックに入れて行動していたら、道に迷っても慌てることなく冷静に対処できたのではないだろうか。たとえ結果は同じであったとしても、少なくとも山中の十七日間をもうちょっと楽に過ごせたはずだ。

いずれにせよ、浦田は十七日間を山中で生き抜いて生還した。それは、浦田が途中から冷静さをとりもどしたことも一因であろうが、偶然に重なったいくつかの幸運によるものであるということも否定できない。

たとえば浦田の妻がワサビ入りマヨネーズを冷蔵庫に置き忘れていったこと、この年の五月の気温が平年よりも若干高めだったこと、雨も十六日と十九日の夜中に数時間降っただけだったこと、そして大場たちがたまたま例年よりも数日早い日程で渓入りしたこと、などだ。これらの幸運が浦田を生き延びさせたと言っても言い過ぎではないだろう。

事故から約二カ月後の七月末、浦田は早くも山登りを再開させた。山をやめようとは、少しも思わなかった。

「八月のお盆には大峰山に登ったんです。修験の山ということなので、遭難のことを反省しとこうかなと思って。今も健康のために登っているという面はあるんだけど、用心しようという気持ちは以前よりも強くなりました」

百名山を登ってやろうなどとは最初から思っていないが、登りたい山はそれこそたくさんある。そのなかでも、とりわけこだわりたいのが岩菅山だ。機会があれば、これから何度でも入りたいと思っている。一九九九年秋に事故後初めて登ってみたが、自分がどのあたりで迷い、どう下りていったのか、まったくわからなかった。

目下の浦田の夢は、十七日間にわたって彷徨い歩いたルートを、もう一度トレースしてみることだという。

暗転の沢

南アルプス／仁田沢

ウソッコ沢
ウソッコ沢小屋
畑薙山
1836
畑薙大吊り橋
仁田沢
ビバークした地点
蓬沢
畑薙湖
大井川東俣林道
転落地点
朽ちかけた吊り橋
畑薙第一ダム
畑薙第一発電所
信濃俣河内
車を停めた場所
0
2km
井川へ

心なしか片足を引きずっているように見えた。聞けば　やはり事故の後遺症だという。

「長さが違うんです。手術したほうが二センチほど長いんです。歩くときには靴にパッドを入れて調整していますけど、ふつうに立っているのがちょっと辛くて。電車やバスを待ったりするときは、片一方に体重がかかりますからね」

ズボンの裾をめくり上げると、骨折した箇所、右膝の下の肉が五センチほどの長さにわたってこんもりと盛り上がっているのが見てとれた。膝の横から足首の上にかけては、手術の長い傷跡が走っている。足首の上のほうについたアザのような跡は、ウジムシに食いつかれた傷跡だという。髪の毛をかき上げるまで気がつかなかったが、額から右の眉の上にかけては大きな長い傷跡があった。よく見れば、鼻の頭からくちびるの上にかけても、うっすらと目立たない傷跡が残っていた。

今回の話を聞いているときに、右目に涙を浮かべているのを見て、辛いことを思い出させてしまったのかなと、一瞬、とまどったことがあった。だが、それもまた事故の後遺症であった。涙道の入口がつぶれてしまっていて、一般の人だったら鼻に抜ける微量の涙が、抜けずに目から流れ落ちるのだという。

こうした後遺症や傷跡が残るほどの重傷を負いながらも、あきらめることなく六日間も山のなかで救助を待ち続けたのが佐藤斉(50)である。

佐藤は一九四二(昭和十七)年、東京都品川区の生まれで、静岡県清水市の育ち。現在は東京都の東大和市に住む。高校時代は山岳部に籍をおき、夏山から冬山まで、ひととおりオールラウンドな山登りをしてきた。その後しばらく山から遠ざかっていたが、三十歳になったころから渓流釣りを始め、再び足が山へと向き始めた。

釣りのスタイルはフライフィッシングで、主にイワナとヤマメねらい。ウィークエンドは前夜に車で家を出て明け方から釣り始めるという日帰りコース、夏など長い休みがとれるときにはテントをベースにして周辺の沢を釣り歩いていた。

釣りを始めたころは、もっぱら会社の仲間が同好の士だった。ところが釣りへののめり込み方が、佐藤ひとりだけが次第にエスカレート。谷川岳の平標沢や仙ノ倉沢、大井川の上流など、より魚がたくさん釣れる場所を求めてどんどん深い沢へ入り込んでいくようになっていった。そのうちに会社の釣り仲間とはモチベーションが合わなくなり、ひとりで沢に入ることも多くなっていた。そんなころ、たまたま隣に住んでいるTがやはり渓流釣りの愛好者であることを知って意気投合。ここ数年は、お盆の休みのたびにふたりで二、三日の釣行を楽しんでいた。

一九九二（平成四）年のお盆もまた、Tとふたりで大井川の源流の西俣へ出かける予定であった。その前年の夏、ふたりはやはり大井川源流の東俣を遡っている。そのときの釣果が上々だったので、翌年は西俣に行こうという話になっていた。ところが直前にTの都合が悪くなり、計画は白紙になってしまった。仕方なく佐藤は予定を変更し、以前から気になっていた仁田沢へひとりで入ることにしたのである。

仁田沢は畑薙湖に注ぎ込む沢のひとつで、そこへ入るには道なき道をたどって山を越えていくか、ボートを漕いで湖を渡っていくかしかない。つまり容易には入れないということであり、ならば魚もたくさんいるのではないかと密《ひそ》かに目をつけていたのであった。

実はそれ以前にも二回、佐藤はひとりで仁田沢に入っている。最初は日帰りで様子を見に行き、二度目のときはテント泊一泊二日。いずれも山越えして入った。二回とも釣果はそこそこだったが、あくまで試し釣り程度の気持ちだったので、今回は沢の奥まで遡行していって本格的に釣ろうと考えていた。

当時の佐藤は、外資系会社の貿易部門のサラリーマン。夏休みはお盆の時期を中心にして一週間ばかりあった。計画では、畑薙湖から仁田沢を少し遡った地点にテントを張り、そこをベースに三泊四日ほどで釣りを楽しむつもりでいた。

佐藤が東大和市の自宅を出たのは八月九日の夜のことである。出発前には清水市内に住む兄に電話を入れ、行き先と車を駐車しておく場所、それに歩くルートについて説明し、山から下りてきた十三日にそちらの家に立ち寄る旨を告げておいた。そして「もし十四日までに来なかったら救助を頼む」と、冗談半分で付け加えた。また、自宅には歩行ルートとテントの設営場所を記した地形図のコピーを置いてきた。

「今まではそんなことしなかったんですけどね。妻に行き先を言っておく程度で。でも、どういうわけかそのときだけは地図を置いていったんですよね」

自宅から中央高速に乗り、富士吉田、東名高速を経由して畑薙第一ダムに到着したのは夜明け前。車はダムから信濃俣河内へ向かう林道脇の木陰に停めておいた。時間の記憶は定かではないが、歩き出したときにはもうあたりは明るくなり始めていたという。

この日の天気は晴れ。信濃俣河内に架かる半ば朽ちかけた吊り橋を渡り、いよいよ信濃俣河内と仁田沢をへだてる尾根をめざしての登りにかかる。最初のうちは植林に使われた道をたどっていくのでさほどきつくはないが、やがて道は消え、藪をこぎながらの登りとなった。傾斜はかなり急で、木につかまりながら五歩進んでは立ち止まって息をつくことの繰り返し。約五〇〇メートルの高度差を登るのに二時間もかかってしまった。

尾根上でしばらく休憩したのち、尾根を北東へと下っていく。仁田沢側の斜面は自然林がうっそうと繁っているので下草がない。傾斜もゆるやかなので、登りとは一変して快適に下ることができた。

しかし、下りの最後、斜面から沢へ下りるときには、どうしても崖を下りなければならない。以前来たときにも、たしか苦労して崖を下りた覚えがあった。そこで今回は、もっと安全に下りられそうなもう少し下流の尾根を下りようと思い、覚えていた対岸の地形を目標にして下り始めたのだが、進むにつれ傾斜はしだいに強くなってくる。それでも一歩一歩足場を確かめながら、ときには下方の木に抱きつくようにしながら下りていったのだが、最後の最後で崖に出くわし、とうとう行き詰まってしまった。

そこは高さ二メートルほどの崖の頭の上だった。その下には、仁田沢の河原まで落ちている別の高い崖があった。左手のほうは急斜面になっていてとても下れそうにない。右手には川の流れのような急勾配のガレ場があり、その向こうにはなだらかな尾根が河原へと延びていた。どうやらそれが下りようとしていた尾根のようであった。

「このガレ場を横切って向こうの斜面まで行けば、なんとか河原に下りられそうだ」

そう思ったところで記憶が途切れている。ガレ場へ向けて一歩を踏み出したのかどうかもわからない。カメラのシャッターが下りたままになったかのように、突如、すべては闇に包まれた。

とにかく覚えているのはそこまでだ。

2

それはぐっすり眠ったあとの目覚めのようだった。涼しい風が谷を吹き抜けていくなかで、佐藤はハッと我に返った。とっさにはなにが起こったのかわからなかったが、まわりの景色から河原にいることだけは確かだった。

佐藤はザックを背負ったまま、ゴロゴロした岩の上に、右膝を立てた状態で横たわっていた。着ていた半袖のオープンシャツと長ズボンは血まみれであった。どこにも痛みは感じなかったが、右足の膝から下が重苦しく力が入らない。間違いなく骨折していると思った。右手首にも、ぱっくりと開いた三センチほどの大きな傷があった。額に手をやると、皮膚が大きくめくり返ったようになっていて、それが硬くなっていた。髪の毛は乾いた血でゴワゴワになっていた。

最初は気が動転していてなにも考えられなかったが、間もなくして、崖から落ちたんだということがわかった。振り返ってみると、うしろに五、六メートルの崖があった。

時計の針は午前十時三十分を指していた。どれくらい気を失っていたのかわからないが、血がほぼ完全に乾いているところを見ると、少なくとも三十分以上は意識がなかったようだ。

気がついてしばらくは、あまりの出血量に怯《ひる》んでしまい、動かないほうがいいと思っていた。が、徐々に落ち着いてくると、「なんとかして助けを求めなければ」という気持ちになってきた。全身に負った傷はかなりひどく、一刻も早く医者に診てもらう必要があった。しかし、登山道もなく、釣り人もめったに来ないこの場所でただ助けを待っていたのでは、いつになるかわからない。だったら自力で救助を求めなければと考えたのだ。

その場所は三方を山に囲まれていたが、一〇〇メートルほど先に見える山の端を回り込めば、湖畔はすぐそこだった。湖畔まで出れば、対岸に道路があるので車が通るはずである。あるいは釣り人がボートでダム湖を渡ってくるかもしれない。

佐藤は、湖畔への移動を開始した。

骨折した右足は、気がついたときと同様、膝を立てた状態のままだった。曲がっている膝を延ばすのが怖かったのだ。ほんとうは骨折箇所である膝下に添え木を当てて固定したいところだったが、あいにく周囲には適当なものがなかった。仕方ないので膝を曲げたまま、太ももと脛のところをズボンのベルトでグルグル巻き、それが外れないようにさらに靴ひもで縛りつけた。額の傷にはバンダナを巻いておいた。

そうしておいて、右足の膝を立てたまま上体だけを起こし、進行方向に背中を向けてジリジリと後ずさりするように移動した。立って歩くことができないため、そうするよりほかに手段はなかったのだ。

移動には、気の遠くなるような労力と時間を要した。まず、固定している右足を両手で持って動かせる範囲で手前に引き寄せ、次に両手と左足を地面に踏ん張って腰を後方にずらす。この一回の動作で移動できるのはせいぜい三〜五センチ。右手の手首は切れて大きく開いていたし、左の掌についた二本の切り傷には砂利が詰まっていたので、そう頻繁に地面に手をつくことができない。また、河原には大小の石がゴロゴロしているうえ、増水したときに流れた水の跡が涸れ沢のようになっていたため、平坦な場所を移動するのとはまったくわけが違った。

移動の途中で休んでいるときに骨折箇所が気になり、ベルトを外してズボンの裾をめくり上げてみた。そこにはつぶれたような穴が開いていて、白い骨が見えていた。折れた骨が皮膚を破ったのだ。折れた骨からは、リンパ液がトクッ、トクッと流れ出ていた。

「私が想像するに、落ちるとき膝を曲げたままドーンと落ちたか、あとから岩が落ちてきてぶつかったかしたんでしょう。傷を見て、もしかして助かったとしても膝から下がなくなっちゃうんじゃないかと思ったけど、まあ生きているぶんにはいいやという気持ちでした」

結局、湖の対岸が見えるところに出るまでの約一五〇メートル、ふつうに歩けば五分とかからない距離を移動するのに、なんと四時間もかかってしまった。ほんとうは、もっと視野が広くなる湖畔の近くまで行きたかったのだが、その一〇〇メートルほどの距離を移動するだけの気力は残っていなかった。

佐藤は細い流れのそばに座り込み、途中で拾ってきた木の枝にタオルを結びつけて旗をつくり、対岸を車が通るたびに懸命に旗を振って合図を送った。が、行き交う車の台数は極めて少ない。湖の対岸を通っている大井川東俣林道は、畑薙第一ダムの先にゲートが設けられていて一般車は通行できないようになっている。通行できるのは電力会社関係の車など限られた車輌のみで、それほど頻繁に車が通るわけではなかった。また、距離もだいぶ離れていたので、佐藤のいる位置からは、車はオモチャのミニカーぐらいの大きさにしか見えなかった。

「その場所へはあとになって再訪していますけど、あそこで助けを求めるのは無理だと思いましたね。枝にタオルをつけて振ったって、対岸からだとよほど目を凝らして見ないと気づきませんよ。まして車で通り過ぎていくのだから気づくはずもないし、あの林道を歩く人なんてそうそういるものではありませんしね」

だが、そのときはそんなことを考えもしなかった。佐藤のいる場所から林道までは直線距離にして約一キロ。その林道を走る車に乗れば、すぐにでも病院に運んでもらえるだろう。なのに林道まで歩いていきたくても歩いてはいけない。車に気づいてもらいたくても気づいてもらえない。それはいかほどのもどかしさであっただろうか。

ときおり通り過ぎていく車に向かって、佐藤はただ夢中に旗を振り続けた。が、停まってくれる車は一台もなかった。

夕方近くになって、対岸にブルドーザーが来て整地作業を行ない始めた。そのエンジン音がはっきりと聞こえてきた。佐藤は必死になってタオルを振りながら、できるかぎりの大声を張り上げて、「助けてー」と何度も叫んだ。しかし、ブルドーザーは佐藤に気づく様子もなく整地作業を続け、夕闇が迫るころにはいつしか姿を消していた。

後日、その話をした地元の関係者はこう言った。

「いや、あんなところをブルドーザーで整地することはない」

佐藤が見たというブルドーザーは幻覚だったのだ。

救助を求められなかったことにがっくり力を落としたまま、佐藤は近くの木の下で一夜を明かすことにした。失敗だったのは、転落した場所にザックを置いてきてしまったことだ。移動にこれほど時間がかかるとは思ってもいなかったし、暗くなる前にはザックを置いた場所までもどるつもりでいたからだ。食料もテントもシュラフもすべてザックの中で、なにひとつ持ってきていない。かといって、今からまた四時間かけてザックのところにもどる気にはとてもなれなかった。

この日は朝方にパンを一個食べただけだが、空腹感はなかった。炎天下の河原に一日中いたためか、やたらにのどが渇いたが、そばに沢の流れがあっていつでも水を飲むことができたのは幸いだった。

このあたりの標高は約一〇〇〇メートルで、しかも谷のなか。夏真っ盛りとはいえ、目の前のダム湖のほうから冷気が忍び寄ってきて、とても眠るどころではない。手の届く範囲で石を風上に積み上げてみたが、気休めにもならなかった。不思議とケガの痛みは感じなかったが、震えだけはどのようにしても止めることはできなかった。それでも何度かウトウトしたようだ。

ガタガタと震えながら木の枝の間から空を見上げれば、一面に星が広がっていた。

「今日はダメだったけど、明日こそは見つけてもらわなければ」

朝を待ちながら、佐藤はそう思っていた。

3

翌十一日、寒さと不安にさいなまれた一夜がようやく開けようとしていた。東の空がだんだんと明るさを増してくる。釣り人がゴムボートで湖を渡ってくるとしたら、そろそろ到着してもいいころだった。

目を凝らして湖面を見ていると、太陽の光と影の加減で水際の枯れ木が釣りをしている人の姿に見えたりすることが何度かあった。「あれ、あんなところで釣りをしている人がいる」と思って大声で「助けてくれ」と叫ぶのだが、もちろん枯れ木がそれに応えるはずはない。しばらくして「ああ、枯れ木だったんだ」と気づいた。

やがて山頂部のほうに陽が射し始めた。対岸の林道を往来する自動車の数が、思っていた以上に多い。タオルでつくった旗を昨日にも増して力いっぱい振り回すが、やはり誰も気づいてくれない。

ピィーというかん高い指笛のような音が勢いよく聞こえたのは、午前十時半ごろのことである。

あたりを見回すと、対岸で人が車のトランクからなにかを出している光景が目に入った。ゴムボートである。姿は見えないが子どももいるらしく、ガードレールの向こう側を赤いリボンのついた帽子だけが右に左に動いている。おとなのほうはゴムボートに空気を入れるため、足踏み式のポンプを踏んでいるようだ。佐藤は希望に胸を膨らませた。「ようやく気づいてくれたんだ。これで助かるぞ」と。

その嬉しさから、できるかぎりの大声を出して「オーイ、オーイ」と何度も叫び、タオルを頭上で大きく振り回した。対岸のおとなは「わかっているよ」と合図に応えるかのように、懸命にポンプを踏み続けている。

だが、一時間が経過してもおとなはポンプを踏み続けていた。佐藤の胸にかすかな疑念が湧き上がった。

「変だな。それにしても時間がかかりすぎるな」

そう思いながら見守っているうちに二時間がたった。ポンプ踏みはまだ続いていた。

午後になってわずかに風が出てきた。今一度、目を細めて対岸の男性を凝視した佐藤は、思わずこう口に出していた。

「あっ、木だ」

それはただの立木であった。どうりでいくら叫んでもタオルを振っても、気づかないはずだった。冷静になって考えてみれば、たしかに人間と車の大きさのつりあいがとれていなかった。また、たとえ人の姿は認められても、その人がポンプを踏んでいるということまではとても認識できるものではなかった。

佐藤の「早く助けられたい」と願う気持ちが、幻覚を生んだのである。

午後三時ごろ、いつの間にか雲が空を覆い始め、ポツポツと雨が落ちてきたかと思うと間もなく本降りの雨になった。佐藤は慌てて昨夜を過ごした木の下に逃げ込んだ。これからザックのある場所までもどるには時間的に遅すぎた。明日になったらもどるとして、今晩もここで我慢するしかないと覚悟を決めた。

木の下の石をどかして三〇センチほどの窪みをつくってそこに座り込み、折った木の枝を背に立てかけて一晩を過ごす体勢を整えた。また、雨を避けるため、葉のついた枝を蓑代わりにして頭の上に乗せた。しかし、ときおり強く降る雨にはなんの効果もなく、ただじっと頭から濡れるままに任せるしかなかった。

いつしか佐藤の周囲をハエが飛び回り始めていた。十匹ぐらいはいただろうか。乾いた血糊は雨でまた濡れ始めていた。骨折箇所からはまだ血とリンパ液が流れ出ていた。それらが絶好のエサになったようだ。

動くのも面倒になっていた佐藤は、血糊や傷口にたかるハエをほとんど追い払おうともせず、その様子をぼんやりと見続けていた。

ふと気がつくと、血とリンパ液と雨とでヌルヌルしていた靴下に、白いおがくずのようなものがびっしりとついていた。「あれ、いつこんなものがついたんだろう」と思ってよく見ると、ズボンの裾や靴にもべったりとついている。そのときは、いったいそれがなんなのかまったくわからなかった。その正体を知ったのは、翌日になってからのことである。

宵の口までの強い勢いは衰えたものの、雨は相変わらず降り続いていた。下着まですっかり濡れてしまっていたので、前の晩より寒さが厳しく感じられた。ただ、今考えると、メリヤスの網シャツをいちばん下に着ていたことで、いくぶん救われたかなとも思う。もし木綿のアンダーシャツを着ていたら、濡れてベタッと素肌にひっついてしまい、余計に体力を消耗していたであろうからだ。

とはいっても、そのときは歯の根が合わないほど寒く、このまま眠ってしまったら疲労凍死するのではないかと思ったほどだった。しかし、そうは思っても、昨夜はほとんど寝ていないし、前日の朝からなにも食べていないので、起きている自信がない。

寒さに震えながら膝を抱えていると、いろいろな想いが頭をめぐった。整理がつかずに休み明けにやろうと思っていた仕事のこと、母親や兄弟のこと、そして家族のこと……。もしかしたらこのまま死んでいくのかもしれないとも考えたが、恐怖は感じなかった。少なくとも半狂乱になってもがき苦しみながら死んでいくことはないだろうと確信できた。それほどまでに冷静でいられることが、不思議でならなかった。

このときの心情を、のちに佐藤はこう書き記している。

〈置かれた状況のもとで死を直感し、昨日、今日のうちにあきらめがしぜんに生まれたのか、あるいは、自分で気がついていない体力がまだ充分あって、絶体絶命の状態でないことを体はわかっているのか、悲しみや恐怖のようなものがわいてこない。泣き、もがき、叫ぶこともない。なにかを恨むこともない。ただ家族に対し、ひと言でいいから書いておきたいと思ったが、書くためのものもなにもない。このことだけは残念に思った。眠くなると、手についた雨水を目の周りに塗ってがまんした〉（『山と溪谷』一九九三年七月号より）

では、死を予感したとき、佐藤は家族に対してなにを書き残したかったのか。会って話を聞いたときに、それを尋ねてみた。

「当時、ふたりの子どもはまだ学校に行ってましたからね。やっぱり家族には申し訳ないなあと。

もし、ひと言書き残したとすれば、『すまなかった』という言葉でしょう」

雨は十二日の朝六時半ごろになってようやくやんだ。

一昨日、昨日と二日間やってみて、対岸を通る車にタオルを振って発見してもらうのはとても無理だということがわかった。ならば、あとは救助が来てくれるのをじっと待つしかない。帰りには兄の家に寄ることになっていたから、山から下りてこないのを心配した兄がきっと救助を要請してくれるはずだ。それまであと三日。救助が来るのは四日後だろうか。それまでなんとか持ちこたえなければならない。

冗談半分で「もし十四日までに立ち寄らなかったら救助を頼む」と話したことがまさか現実になろうとは、佐藤本人も思ってもいなかった。そしてそのときは、冗談半分で言ったその言葉だけが佐藤の心の支えになっていた。

少なくともあと四日間ここで生き延びるためには、置きっぱなしになっているザックのところまでもどらなければならない。ザックの中にはテントもシュラフも食料も着替えも入っている。ザックがピックアップできれば、少しはマシに過ごせるようになるだろう。

骨折箇所をベルトとヒモでしっかりと固定し直し、両手の傷にはタオルとスパッツを巻き、来たときと同様にして数センチずつ、佐藤はザックをめざして移動し始めた。

やがて陽が射してくると体も温かくなり、服も少しずつ乾いてきた。しかし、右足には執拗にハエがたかってきていた。掌の傷も痛み出してきて、移動距離は思ったようにかせげない。動いていると、折れた骨が擦れてクキッ、クキッと音を立てた。それでも痛みはない。脳内に痛みを麻痺させる物質が出ているのだろう。移動しながら、ぼんやりと思った。神様というのはうまく人間の体をつくったものだなあと。

どれぐらい時間が経過しただろうか、暑さを感じるようになったころ、右の足首にチクチクするような感覚を覚え始めた。「おかしいな」と思ってズボンの裾をめくりあげてみると、靴下や靴のベロの周囲にべったりとついていた白いものが、ムニュムニュと動いている。佐藤は思わず「アッ」と声を上げていた。昨日、「白いおがくずのようだ」と思ったものはハエが産みつけた卵であり、それが孵化してウジになっていたのだった。

靴下をずらしてみると、そこにもびっしりとウジがついていた。骨折した傷口にもウジは入り込んでいた。右足の膝から下は、まさにウジだらけであった。

佐藤は尖った石を拾い上げて、べったりとついたウジをこそげ落とした。が、傷口に入り込んだウジまではとれないので、とりあえずはザックのあるところまで行って、そのあと処理することにした。見ているとどこからかスズメバチが飛んできて、ハエをとらえては首を食いちぎっていた。

ザックを置いた場所に到着したのは午後一時ごろ。掌が痛んだのと、二日前のように気が急いてはいなかったのとで、引き返してくるのに四時間以上もかかってしまった。

ザックのまわりには岩のかけらが散らばっていた。この二日の間にも落石があったようだ。佐藤は、万一落石があっても避けられ、かつ沢が増水しても安全だろうと思われる場所——転落地点から水流に向かって二〇メートルほど行った河原の上——にテントを張ることにした。

しかし、這うようにしてしか移動できない佐藤にとって、三泊四日分の装備が詰まったザックを引きずって運ぶにはあまりに重く、二〇メートルという距離はあまりに遠かった。仕方なく途中ですべての装備を運ぶことをあきらめ、テント、フライシート、ガスストーブ、食料など当面必要なものだけを別の袋に入れ替えて運ぶことにして、残りのものはその場に置き去りにした。

ようやくテントの設営場所にたどり着くと、無性に水が飲みたくなった。また右足に無数に食らいついているウジも早く処理したかったので、折り畳みのポリタンクを持って沢の流れへ向かった。流れで水を飲み、足を水流につけてウジを洗い流した。骨折箇所の傷穴には相当たくさんのウジが入り込んでいた。水を流し込んで追い出そうとしたが、あまり流れ出てこなかった。

そうしているうちにまた雨が降り出しので、荷物を置いたところまでもどってテントを張ることにした。水を詰めた五リットルのポリタンクは、後ろに放り投げながら運んだ。

テントは設営が簡単なドーム型のものだったが、本体はすぐに立ち上げられたものの、雨に濡れて重くなったフライシートを被せるのがひと苦労だった。なにしろ立てないのだから、フライシートを本体にうまく被せることができない。拾った棒でぐいぐい突くようにしてシートを反対側に送り、テントの周囲を這いずりながら張り具合を調整してようやく本体を覆うことができた。これで風雨を気にしなくてすむと思うと、少しはホッとしたような気持ちになった。

設営し終えたテントの中に入った佐藤は、とりあえず服を着替えることにした。先ほどからの雨で、服は下着まで濡れてしまっていた。ところが、上半身はともかく、下半身は右足をベルトとヒモで縛りつけているので、ふつうに脱ぐことができない。結局はアーミーナイフやナイフに仕込まれているハサミで切り裂いて脱ぐことになった。新しいズボンをはくときにはベルトとヒモを外して慎重に足を通した。

それまで着ていたウェアは、わざとテントの外に放り投げておいた。佐藤が知らないうちに誰かがテントのそばを通りかかったときに、血のついたシャツやズボンを見れば異常事態に気づいてくれるだろうと思ったからだ。

夜の八時半になって食事にとりかかった。コッヘルとガスストーブでインスタントラーメンをつくりながらチーズを食べた。一昨日の事故以来、初めて口にする食べ物である。が、なぜかつばが出てこない。チーズが口の中にへばりついてしまって、のどを通っていかないのだ。味もまったくわからない。もう少し塩気のあるサラミソーセージも試してみたが、やはり同じで、水といっしょに無理矢理流し込んだ。

さすがにラーメンはのどを通ったが、味のほうはさっぱりだった。極限状況下で唯一、生への希望をつなぎ止めていてくれるのが食事なのに、それが味気ないうえにのども通らないとあって、佐藤はひどく落胆した。

寝る前に大きなビニール袋を漏斗状にしてフライシートの下に置き、コッヘルに雨水が貯まるようにしておいた。沢はすぐ目の前だったが、水を汲みにいく労力を思うと、なるべく水は節約して使おうという気になった。ポリタンクの五リットルの水は二日分にしようと決めた。

シュラフの中に入り込んで、ようやく人心地がついた。テントを張って風雨をしのげるようになったし、シュラフもあるので、夜の寒さに痛めつけられることもない。のどを通りにくいが食料も充分にある。問題は、助けが来てくれるまで、傷ついた体がもってくれるかどうかだった。

4

十三日は一日雨だった。

昨夜は家にいるときのようにぐっすりと眠ることができた。だが、傷のあたりをウジが這い回っているのがわかってイライラする。救助を待つ態勢がようやく整って気持ちが落ち着いてくると、よけいに煩わしく感じられるようになった。アーミーナイフに仕込まれた小さなピンセットで一匹一匹つまんではつぶしたが、焼け石に水だった。その際、ピンセットの鋭い先端を傷口に突っ込んでも痛みを感じないのが不思議だった。傷口からは相変わらずリンパ液がじくじくと流れ出ていた。

テントの中で横になっていると、一日がとても長く感じられた。まだ空高い位置にある太陽が恨めしかった。外に出しておいたコッヘルには雨水が八分目ほど貯まっていた。これで半日分を補給できた。小便はステンレスのボールにしてからテントの外にまいた（山でステンレスのボールを使うのは、高校の山岳部時代からの習慣だった）。食事をほとんどとっていなかったためか、大便のほうは出なかったので助かった。

あまり空腹感はなかったが、夕方になって昨日同様、ラーメンとチーズとサラミソーセージを食べた。相変わらず唾は出ず、味もわからない。

釣り人は今日も来なかった。この夜もまた夢も見ずにぐっすりと眠った。

十四日、目覚めてみると朝から快晴だった。

ポリタンクの水は、雨水を加えたため、あと二リットルほど残っていたが、念のため沢へ補充しにいくことにした。しかし、この日から腰と肋骨に痛みが出てきて、うまく這い進んでいくことができない。すぐ目と鼻の先の流れに着くまで、二時間もかかってしまった。のちに判明したことだが、腰椎は圧迫骨折を負い、肋骨は二本折れていた。どちらも落ちたときに折れたようだが、テントを張って落ち着くまでは気が張っていたので痛みを感じなかったのだろう。

ようやく沢にたどり着いて水を汲んでいたときである。ふとした拍子に、持っていたステンレスのボールに自分の顔が映し出された。それを見て思わずギョッとした。

「顔面中血だらけで、額の傷がベロンとめくりあがっているんですよ。そのめくれ返っているところにもウジがくっついているんです。我ながら『うわっ』と思いましたね。自分ではぜんぜん気づかなかったけど、人が来たらこれじゃあほんとうにオバケだと思われるだろうなって」

佐藤は、顔に厚くこびりついている血糊と土を、水をかけてこすりながら少しずつ落としていった。額の傷についたウジは、ボールの水を傷口に流し込んで落とそうとしたが、裂け目にしがみついていてなかなか落ちてこない。

そうしているうちに二匹のウジが右目にくっついて、まぶたの裏に潜り込み始めた。一匹はすぐに爪で掻き出したが、残る一匹が奥へ奥へと入り込んでいく。転落して以来、このとき初めて恐怖が背筋を貫いた。右足は傷の具合を実際に見ていたので、ある程度の覚悟はできていたが、目のほうは予想だにしていなかった。角膜でも食い破られたら失明してしまうと思い、気も狂わんばかりに慌てふためいた。

前出の手記に、佐藤はこう書いている。

〈意識のあるうちに目を少しずつ食いちぎられ、しだいに見えなくなるのではないかと気が動転した。すでに手の施しようがない。ムズムズ動いているのがわかる。覚悟を決めて目を閉じた。しばらくすると、幸いなことにバックし始めた。頃合いを見計らってつめでかきだした〉

涙道をつぶしてしまって涙が鼻に抜けなくなったのは、このときの後遺症である。

午後、ときおり吹く強い風で、テントのフライシートが外れてしまったが、腰が痛くて動くのが辛いのでそのままにしておいた。

下山予定日は昨日。今日にも帰らなかったら救助を要請してくれと頼んでおいた兄は、そろそろ心配していることだろう。明日には間違いなく捜索が始まるはずだ。捜索が始まれば、行動予定を伝えているので、発見されるのにそれほど手間はかかるまい。「明日こそは」と考えると、おのずと気持ちも奮い立ってきた。

額と右足の傷は不思議と痛まなかった。が、腰と肋骨の痛みがだんだんと増してきた。どんな姿勢をとっていても痛むため、この夜はあまり眠れなかった。

十五日、曇り空の下、朝早くからテントの入口付近に座り、湖のほうを見ながら耳を澄まして救助を待った。腰と肋骨の痛みは前日にも増してひどくなっていた。とにかくじっとしていられない痛さで、寝ころんでも今度は起き上がるのにひと苦労するほどだった。

天気が次第に回復してきて陽が射すようになると、フライシートがないのでテントの中はサウナのような暑さになった。そのなかで、ただひたすら救助を待ったが、いつまで経っても誰も現われない。午後四時ごろになって、沢の上流のほうから落石の音が聞こえてきた。救助隊が山を越えて来てくれたのだろうと思って、自分の存在を知らせるために爆竹を鳴らした。爆竹はクマ避けのためのもので、沢に入るときにはいつも携行していた。が、落石の音はそれっきりでやんでしまった。

この日の食事はカロリーメイト二包み。つばが出ずに口の中にへばりついてしまうのを、水で流し込んでようやく胃に収めた。

失望のうちに夜がやって来た。今日こそは絶対に救助が来てくれると思っていたのに、期待はみごとに裏切られた。

ちょっとでも動くと腰と肋骨が痛んだ。とにかく動くのが億劫だった。そんな状態だからか、思考力が落ちていくのが自分でもよくわかった。

「なにを考えても途中で終わっちゃうっていうか、深く考えられないんですね。こういう状態でだんだん衰弱していくんだろうなと思いました。救助が来るとは信じていたんだけど、もし来なかったら、たぶんこのまま逝っちゃうかもしれないな、と」

佐藤の脳裏に、何年か前の体験が蘇ってきた。そして思った。「あのときと似たような感じだな」と。

それは秋に佐藤がひとりで千曲川の支流の金峰山川西俣沢の様子を見に行ったときのこと。廻目平から川沿いに登山道をたどっていくと、「金峰山まであと二キロ」という標識のところに出た。そのとき金峰山に登るつもりはまったくなかったのだが、標識を見て「あと二キロか。じゃあ簡単に登れるだろう」と思い、軽装のまま登っていってしまった。

ところが登っているうちに風がだんだんと冷たくなってきて、雪もちらちらと舞ってきた。金峰山小屋から上の岩場では登山道が凍りついていて、薄着だった佐藤の体はすっかり冷えきってしまった。佐藤が言う。

「ほんとうに注意力がなくなってくるんですよ。こうしたら滑落するだろうとかが、あんまり気にならなくなるんです。惰性で登っていくような感じで。思考力がほんとうに落ちますね。そうなったらもどればいいじゃない。でもそれも考えられない。とにかく上へ上へ、と」

結局、佐藤は頂上まで登ってしまい、風下側の陽の当たる岩陰でしばらく休んでようやく我に返った。そのときに、これが疲労凍死の初期症状なんだなと思ったという。

腰と肋骨の痛みに耐えながら、だんだんと思考力が低下していくなかで、佐藤はそのことを思い出していた。そして心の中でせめぎ合っていたのは、「このままいったらもうダメだな」「いや、明日こそは絶対来てくれるだろう」という思いだった。

5

十六日、六日目の朝がやってきた。天気はいい。

少しでも動くと腰が痛んだので、テントの中でじっと待った。どんな音も聞き漏らすまいと、耳に神経を集中させながら。

午前八時ごろ、なにか金属が岩に当たったような音がした。ボートのアルミのオールが岩に当たった音だと思った。あとで救助に来た人に聞くと、ボートのポールは木製のものであり、誰もそんな音を聞いた覚えはないということだったが、佐藤の耳にはたしかに金属音が聞こえた。そして、誰かが助けに来てくれたのだと、とっさに思った。

佐藤は自分がここにいることを知らせるため大声で叫ぼうとしたが、肋骨が痛んで大きな声を出すことができない。テントの外に出たくとも、腰の痛みがひどくて動くことさえままならない。そこで、釣りにいくときには常時ポケットに入れていたクマ避けのための笛をくわえて、懸命に吹き続けた。

ほどなくしてテントの外に人の気配がしたかと思うと、入口からのぞき込むようにして人の顔が現われて、「佐藤君か」と声をかけられた。

その瞬間から、張りつめていた気が一気にゆるみ、涙がぼろぼろと溢れてきて止まらなくなった。助かったと思う以外なにも考えられなくて、「はい、そうです」と答えるのがやっとだった。

救助の人はふたりいた。ふたりとも、高校時代に山岳部に所属していた兄の先輩であった。佐藤が帰らないことを心配した兄の依頼で捜索に来たのだという。話を聞くと、ふたりは佐藤と同じコースをたどり、最後に仁田沢に下りる箇所は、以前、佐藤が二度来たときに下りたところを下りてきたようだった。

ふたりは佐藤にミカンを手渡し、ストーブで砂糖湯をつくって飲ませてくれた。

「よくがんばった。もう大丈夫だ。あとからすぐ警察の救助が来るから」

と励ましながら、佐藤があたりに放りっぱなしにしていた装備をまとめてくれた。

それから間もなくして、静岡県警山岳救助隊の三人がダム湖のほうからボートを漕いでやって来た。彼らはすぐにヘリコプターを手配した。そしてヘリが来るまでの間に佐藤の骨折箇所の応急処置を行ない、周囲の木を切ってつくった担架で木陰に運び込んだ。そこは最初に佐藤が二晩ビバークして過ごした場所だった。

午前十一時ごろ、ヘリが周囲の木々を揺らしながら河口の河原に舞い降りてきた。佐藤を収容したヘリは、静岡市内の安倍川の河原へと向かった。河原で救急車に乗り換えるとき、佐藤を抱きかかえた救助隊員の手が肋骨に触れ、思わず「うわ、痛えー」と声を出してしまうと、「このくらい我慢しろ」と怒鳴られた。

入院生活は四カ月に及んだ。ようやく仕事に復帰できたのは冬、もう正月も間近なころであった。

佐藤の話を聞き終えて思うのは、立場を自分に置き換えてみたときに、はたして佐藤のように冷静でいられたかということだ。

全身に負った無数の深い傷と少なからぬ出血量、折れて皮膚を突き破った骨、何日間もじわじわと流れ出る血液とリンパ液、傷口にべったりとたかって蠢くウジ……気の弱い人ならとっくに意識を失っていることだろう。

が、こうした、思わず目を背けたくなるような重傷を負いながら、佐藤はほとんど取り乱すことなく、比較的落ち着いて事態に対処していた。なぜだろうか。手記にはこうある。

〈三日目以降は、とにかく救助を待とうと気持ちが落ち着いてきた。これは、食料が充分あったこと。それに、山の知識がない家族には、歩行ルートとテントを張る場所を書き込んだ地図を置いてきたこと、高校時代山岳部員であった兄へは電話で連絡しておいたこと、それにルートを変えなかったことなどが、どれほど心の支えになったかはかり知れない〉

それにしても、精神力が強くなければ持ちこたえられなかったのではないか。あるいは、佐藤が体験したような状況に追い込まれたとき、誰もが火事場のバカ力的な精神力を発揮するものなのだろうか。

いずれにしても、七日間の極限状況を耐えさせたのは「必ず助けに来てくれる」という確信であり、それは事前に詳しい行動計画を家族らに知らせておいたことから生じている。そういう意味では、第三者への行動計画の提出がいかに重要かを再認識させられる一件であったといえよう。

一方で、もちろん反省点もある。まず、事故に遭った前夜、ほとんど寝ずに車を運転して登山口まで入り、朝食にアンパン一個だけ食べて行動したこと。もともと佐藤は立ちくらみしやすい体質であったという。つまり、自分で意識していないところで疲れがたまっていたうえ、エネルギー源もほとんど補給しなかったため、ちょうど崖の上に立っていたときに立ちくらみが出たのではないかというわけだ。

「額に傷があるっていうことは、落ちているときにはもう完全に意識がなかったんじゃないかなあ。もろに傷を負ってますからね。もし気を失ってなければ、多少なりともカバーしようとするでしょう。だから崖の上で立ちくらみみたいになって、意識を失って落ちたんじゃないかと。まあ、はっきりとはわかりませんけど」

また、転落して意識をとりもどしたのち、必要な装備を持って移動しなかったことも反省点のひとつだ。次も手記からの引用である。

〈ふだんから日帰り、あるいは半日の釣りや山行でも、私は一晩や二晩のビバークができるくらいの装備を持ち歩いている。しかし、転落後、早く助かりたい一心で冷静さを失い、なにも持たずに現場を離れてしまい、二晩を着のみ着のままで過ごすことになったのは大きなミスだった〉

入院生活が長引いたのは、骨折箇所の傷口についたウジを沢の水で洗い流そうとしたときに、ばい菌が体内に入り込んでしまったためである。もし装備を持っていれば雨具を着込むなりビニール袋でガードするなりして、ある程度はハエを防げていたであろう。もちろん雨に濡れずにもすんだだろうし、食料も充分にあったから体力の消耗を最小限に抑えることができたはずである。

事故のあと、一年ほどしてから佐藤は渓流釣りを再開した。事故の前と比べると、やはり慎重になっている自分を自覚するという。

「まあ歳のせいもあるけど、以前は平気で行けたところも行けなくなりましたね。たとえば岩から岩へぴょーんと飛び越えて行っていたのが、一歩余分にかけて行くようになったり。あるいは木につかまりながら行くような急斜面でも躊躇したり。事故のあと、大井川の上流の聖沢にふたりで行ったとき、滝があって行き詰まったんですよ。登って登れないことはなかったんだけど、『いや、俺はやめる』って。ずいぶん慎重になりましたね。逆にいえば、以前がほんとうに無茶だったのかもしれませんが」

慎重になったのは山に限ったことではない。人づき合いなど、いろいろな面で慎重に考えてから行動するようになったと、佐藤は言う。

ここ二、三年は渓流釣りよりも山岳写真のほうに熱中している。被写体は富士山のみ。同好の士の集まりである「全日本富士写真連盟」にも入会した。佐藤のプライベートな名刺には富士山の写真が刷り込まれている。どうして富士山なのか。

「富士山は三六五日、刻々と変化しますからね。はじめのころは一年中撮って歩くようなことはしなかったんだけど、今はほとんど一年中です。冬は冬の景色を、そうこうしているうちに梅が咲く、桜が咲く、アヤメが咲く……。そういうものを入れながらだから一年中なんですね。今は富士山を撮影するために毎週どこかしらに出かけています」

佐藤の車の中には、数本の竹が無造作に積まれていた。なにに使うのか不思議に思っていたら、富士の姿を求めて山を歩くときに杖代わりに使うのだという。以前は杖など持ち歩くことはなかったが、今は山歩きに杖が欠かせない。

「杖を持って歩くべきです、中高年登山者は。下るときに杖を使うことによって、筋肉の疲労度が違いますし、バランス保持も違ってきます」

加えて「道に迷ったら絶対谷に下りるな」「遭難したら動くな」と、佐藤は強調する。インタビュー中、佐藤は何度もこの三つのことを口にした。これを実践すれば危機的状況を回避できるし、たとえ危機的状況に陥っても生還できるというのが、山で九死に一生を得た佐藤の持論である。

修験道の道迷い

大峰／釈迦ガ岳

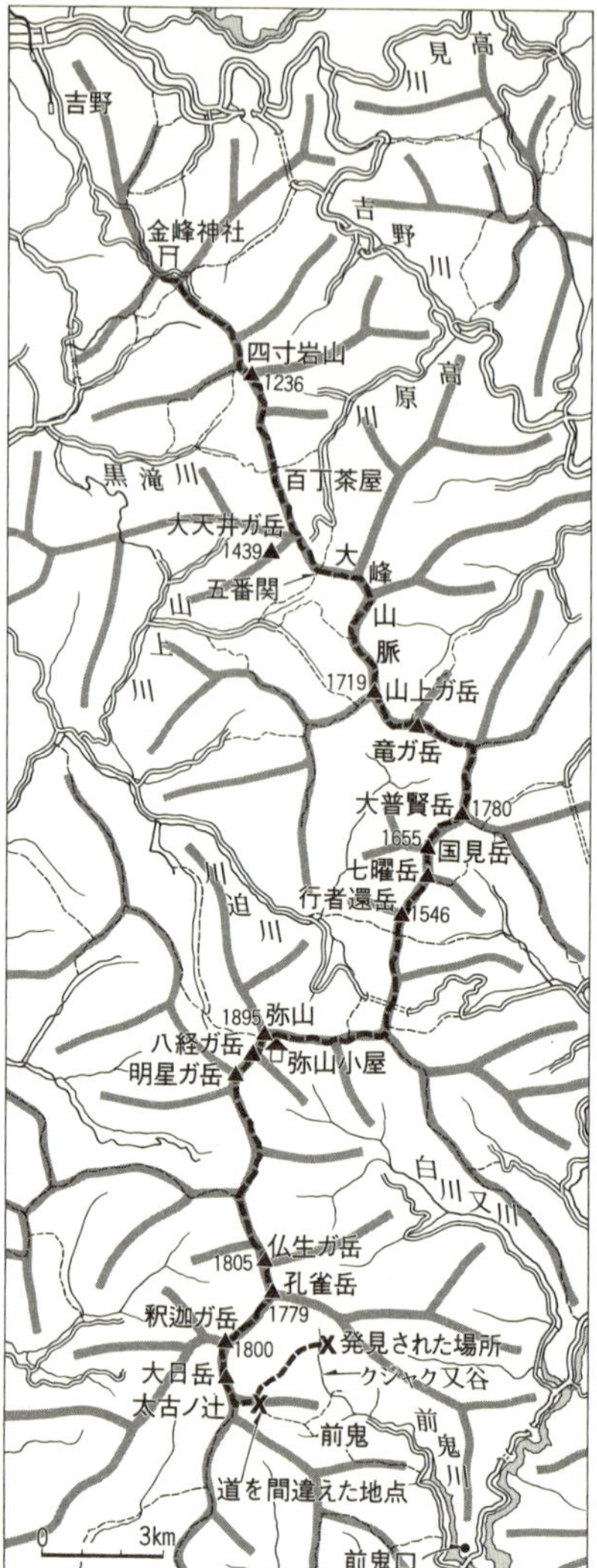

高見川
吉野
吉野川
金峰神社
四寸岩山
1236
高原川
黒滝川
百丁茶屋
大天井ガ岳
1439
大峰山脈
五番関
山上川
1719
山上ガ岳
竜ガ岳
大普賢岳
1780
1655
国見岳
七曜岳
行者還岳
1546
川迫川
1895
弥山
八経ガ岳
弥山小屋
明星ガ岳
白川又川
仏生ガ岳
1805
孔雀岳
1779
釈迦ガ岳
1800
発見された場所
大日岳
クシャク又谷
太古ノ辻
前鬼
前鬼川
道を間違えた地点
0
3km
前鬼口

1

その年の二月から、S(48)は山登りを再開した。ホームグラウンドの九重山に足繁く通っていたのは大学時代を九州で過ごした四年間。以降、山からはずっと遠ざかっていた。

再開後はほぼ毎週のように日帰りで近郊の山へ出かけていった。そのうちにガイドブックの参考コースタイムより早く歩けるようになり、体力にある程度の自信もついていた。

二泊三日の行程で大峰山脈の単独縦走を計画したのは、山登りを再開して半年ほどが経った夏のお盆休みのこと。泊まりがけの登山は実に二十五年ぶりであった。

一九九五(平成七)年八月十一日の朝四時三十分、大阪の自宅を出発したSは近鉄吉野線の吉野駅から入山。ロープウェーとマイクロバスを乗り継いで、サクラの名所として名高い吉野山の金峰神社に入り、そこから大峰の主脈縦走路をたどり始めた。

その日は四寸岩山、百丁茶屋、五番関と順調に距離をかせいでいき、夜は山上ガ岳の頂上直下にある宿坊に泊まった。大峰は修験道の根本道場として全国的に知られているが、その本山というべき大峰山寺があるのが山上ガ岳。いまだ女人禁制を守り続けている山としても有名で、女性登山者はコース上に設けられた女人結界より先へ進入することはできない。宿坊の宿泊客はもちろんすべて男。Ｓはかなり大勢の人が泊まっているのを見て、コースを歩いているときにわずか数人の登山者と修行僧にしか出会わなかったのが不思議に思えたという。

その宿坊で親しくなったのが、やはり単独で来ていたＫだ。

「泊まりがけの山登りはほんとうに久しぶりなんです。とにかく弥山までは行くつもりですが、そのあとは体調と相談して、もしかしたら天川のほうに下りるかもしれません。体調がよければ前鬼へ下りようと思っているんですけど」

Ｋにそんな話をしたことをＳは覚えている。

翌十二日は六時三十分から行動を開始した。三十分ほど前にひと足先に出発していたＫには、大普賢岳の山頂で追いついた。その後は追いつ抜かれつ相前後して歩いていたが、七曜岳を過ぎたあたりからはＳが先行するようになった。

この日の宿泊地である弥山小屋に着いたのは午後二時三十分。しばらくしてＫも到着した。夕食後、ＳはＫを交えた同宿者ら三人と約一時間ほど話をして過ごした。その際に話題にのぼったのが、Ｓの翌日の行動についてであった。

翌日、Ｓは弥山小屋から八経ガ岳、仏生ガ岳、釈迦ガ岳、前鬼を経て、一気に前鬼口まで下山するつもりでいた。この行程の所要時間はおよそ八時間強。ガイドブックによっては、前鬼の宿坊に泊まる一泊二日のコースとして紹介されている。実際、弥山小屋で談笑した四人はみな同じコースを歩く予定であったが、S以外の三人はみな前鬼の宿坊で一泊するスケジュールを組んでいた。

Sはお盆休みを明後日までとっていたため、無理をして翌日に下りる必要はまったくなかったのだが、前鬼から前鬼口のバス停まではおよそ二時間十五分ほどの所要。それもほとんどが林道歩きとなる、おもしろみに欠けるコースなので、わざわざ前鬼に泊まるのももったいないような気がして、一気に下まで行ってしまおうと考えたのであった。

ほかの三人がSに言った。

「前鬼の宿坊に泊まったほうがいいんじゃないですか」

「まあ、調子をみて、もしかしたら泊まることになるかもしれませんので、そのときはまたよろしくお願いしますね」

そう答えながらも心のなかでは前鬼口まで下ってしまおうと思っていたので、十三日は早朝四時三十分に小屋を出た。そして釈迦ガ岳には予定よりも三十五分早い九時二十五分着、太古ノ辻にも二十分早い十時二十五分に到着した。前鬼口発午後二時三十七分の最終バスには、なんとか間に合いそうであった。

途中、この日もほかの登山者にはほとんど出会わなかったが、太古ノ辻の手前のあたりで、前鬼のほうから登ってきた五人パーティとすれ違った。そのときに「釈迦ガ岳まであとどれくらいですかね」と聞かれたので、「そうですね。ここまでの下りで四十分ほどだから、あと一時間ぐらいじゃないでしょうかね」と答えた。

Sは五人パーティと別れ、太古ノ辻から稜線を離れて前鬼へ向かうコースをとった。ところが、わずかに下った地点で、うっかり道を間違えてしまうのである。

そこは杖谷か大日谷を横切る箇所だと思われる。正規のルートは、涸れ沢を渡って対岸の斜面を登り返すようにつけられているのだが、Sは涸れ沢をそのまま下っていってしまったのだ。

「岩にペンキで書かれた矢印が、沢のほうを指しているように見えたんです。また、あとになって聞いた話なんですが、そのちょっと前に涸れ沢で崩壊があったらしくて、沢の手前でいったん途切れた道が沢のなかのほうに続いているようにも見えたんです。沢もよく踏まれていて歩きやすかったので、疑いもしませんでした」
二、三十分も下ったころ、Sはなにかおかしいことに気づいた。すぐに引き返そうとしたのだが、うしろを振り返るとそこはちょうど沢の出合で、自分がどちらから下ってきたのかわからなくなっていた。たぶんこちらだろうと思って登り返すものの、確固たる自信がないため、登っているうちになんとなく違っているような気がしてきてしまう。そこでまた下りて違う沢を登り始めるのだが、やはり自信がない。周囲は樹林に囲まれていて見通しはきかず、現在地を確認しようにも地図とコンパスが役に立たない。

結局、登ったり下りたりを三時間ほども繰り返すうちに、どこにいるのかまったくわからなくなってしまった。時刻は午後三時。時間的にはまだ早かったが、あまり動き回って体力を消耗するのはまずいと思い、樹林の斜面に平らになった場所を見つけてビバークの準備に入った。

持っていた食料はアルファ米の赤飯と五目飯のみ。ライターもマッチもストーブも持っていなかったので、その晩は赤飯を水でもどして食べた。

夜は、長袖の新素材のアンダーウェアを二枚重ね着し、その上からウールの長袖シャツとウールのセーターを着て、いちばん上にゴアテックスの雨具を着込んで寝た。天気がよかったことも幸いし、寒さはまったく感じずにすんだ。

不安な気持ちがなかったわけではない。が、それほど深刻なものではなかった。明日になればなんとかなるだろう、そう思いながら眠りについた。

一方、前夜、弥山小屋でSと話をした三人は、みな無事、前鬼の宿坊に到着していた。そのなかにひとり、かなりの健脚で山慣れた男性がいた。この日の朝、彼はSが出発した十五分後に小屋を出てSのあとを追った。ほかのふたりは、その男性がしばらくしたらSを抜き去り、いちばん最初に前鬼の宿坊に到着するだろうと予想していたのだが、宿坊に着いて聞いてみると、Sのことは全然見かけなかったとの返事。もちろん、Sが道に迷ってビバークしているなどとは誰も想像すらせず、「じゃあSさんは先に下りちゃったんだな」と話していた。

十四日、Sは朝の五時から行動開始。沢を下るつもりは初めからなく、ひたすら上へ上へ出ようとした。しかし、昨日と同じで、しばらく登っていっては「いや、こんなところはなかったはずだ」と、また違う方向へ転じることの繰り返し。その、不安から生じる優柔不断さが、Sをますます山の奥深くへと追い込んでいくことになるのである。

ほんとうに迷い込んでしまったSは身をもって知ったことだろうが、大峰山脈には標高が二〇〇〇メートルを越す山こそないものの、小さな谷や枝尾根が幾重にも入り組んでいて、その地形はかなり複雑である。この一帯が富士山の青木ガ原の樹海に似ているということ、つまり登山者らが道に迷って行方不明になってしまい、いまだ発見されずにいるケースが何十件にものぼるという話をSが聞いたのは、救助されたのちのことだ。

Sは一日中、山のなかを彷徨った。が、脱出への光明は見出せない。仕方なく二日目のビバーク。アルファ米の五目飯を食べてしまい、食料はまったくなくなった。持ち帰ろうとしたゴミのなかにコンデンスミルクの空のチューブがあったので、それを裂いて舐め、少しでも空腹の足しにしようとした。

十五日、正しいルートを捜して山中を沢から沢へと渡り歩いていたSは、ふたつの沢が出合うところで、かすかな踏跡と、立木にくくりつけられていたプレートを発見した。プレートには「遡行　前鬼川　山想遊行　柏原」と書かれていた。柏原という人がこの沢――おそらく前鬼川だろう――を遡ったときに残したものに違いなかった。実際には、その沢は前鬼川の上流にあたるクジャク又谷だったのだが。

プレートと踏跡を見つけたことによって、Sの不安感はずいぶん薄らいだ。少なくともこの沢に人が入り込んでいることを知ったSは腹を決めた。未知の沢を下るのは自殺行為だし、食料も充分な装備もないまま沢を登るのも危険である。だったらここにじっとしていて、誰かに発見されることに賭けてみようと。

Sはあたりをよく観察してから、スーパーマーケットのポリ袋の切れ端にボールペンで周辺の概略図を書き、出合のところにある船の形をした岩と、出合から右のほうの沢をわずかに行ったところにある大きな岩の位置を、その地図上に印した。そしてさらに、次のような文章を書き添えた。

「SOS　道を迷い出られなくなっています。助けてください。（S）　次の二つのポイントか、その付近にいます」

このメモを三つつくり、踏跡のまわりなど三箇所に目立つようにして置いた。こうしておけば、万一、自分が気づかないときに誰かが沢を遡ってきたとしても、知らずに通りすぎていくことはないだろうと考えたのだ。

次にSは、プレートを木の枝にくくりつけていた針金を外し、山に行くときにはいつも持っていたガーゼ生地のハンカチと組み合わせて、小さな網をつくった。

沢にはたくさんのオタマジャクシがいた。食べられそうなものは、ほかに見当たらなかった。飢えをしのぐために、その網でオタマジャクシをすくって食べた。

「さすがに噛み切る勇気はありませんから、飲み込んでました。踊り食いですよ。その沢にはサンショウウオもいたのでトライしてみましたが、ダメでしたね。口に入れてすぐ、もどしてしまいました」

それからというもの、この網でオタマジャクシをすくうのが毎朝の日課となった。

この日の夜、しょぼしょぼと降る雨が山をしっとり濡らした。ゴアテックスの雨具を着ていたので雨はどうということはなかったが、雨を避けた岩からヒルがポタポタと落ちてくるのには閉口した。

翌日からはその場を動かず、連日、救助を待つことに終始一貫した。

十六日には、捜索に飛ぶヘリコプターを二度ばかり確認した。持っていたオレンジ色のビニール袋を切って一メートル×六〇センチほどの旗をつくり、ヘリに向かって振り回したが気づいてもらえなかった。ならば煙を出して合図を送ろうと思いついたものの、あいにくライターもマッチも持っていなかった。メガネの凹レンズのへこんでいるほうに水を満たして凸レンズのようにし、太陽光を集めて枯葉に火をつけようとしたがダメ。双眼鏡を壊して取り出した凸レンズで試してみても、わずかに煙が出ただけで着火するまでには至らない。最後に木と木をこすり合わせるという最も原始的な手段をとってみたが、火が起こる前にへたばってしまった。火を起こすことはあきらめざるを得なかった。

ヘリは十八日と十九日にもやってきた。スピーカーを通して「大阪のSさん、聞こえていたら合図をしてください」という呼び掛けがあったので、捜してもらっているんだという安堵感を得ることはできた。が、合図をしようにも、いかんせん合図を送る術がなく、地団駄を踏むばかりであった。自分のいる場所からはヘリの位置が遠かったため、そばまで移動することも一瞬考えたが、リスクのほうが大きそうなので、その考えをすぐに打ち消した。

そのときの心境を、Sがこう語る。

「人間、日ごろはなんの気なしに暮らしているんですけど、国だとか地方自治体だとか、会社だとか家庭だとかに守られているんですよね、意識していないところで。そういった何重ものバリアで守られているということを、つくづく感じました。ところが、ああいう状況になると、まったく違う世界に放り出されたという感じがするんです。個人は無力だなあって思いましたね。だから早く人間の世界にもどりたいなあって」

寝ているときには、家族の者や会社の人間となにやら話している夢をよく見た。人恋しさの現われであったのだろう。日が経つにつれて、幻覚も見るようになった。赤い木の葉が神社のやしろに見えたり、木陰から昔風の田舎の家が見えたりした。体力的、気力的な衰えをイヤでも自覚した。

「最初の三日間ぐらいは大丈夫だったんですけど、あとはぐんぐん衰えていきましたね。朝のオタマジャクシをとりにいくのもしんどいぐらい。最後は、すぐ近くまで水を汲みにいくのも大儀になっていました」

死ぬか生き延びるかの確率は半々。人知れずこのまま死んでいくのもありえないことではないと、救助を待ちながらもSは醒めた頭で考えていた。

2

十四日、Sの妻のEは、夫が下山予定日の翌日になっても帰らないことを心配し、不安を身内の者に打ち明けた。十五日の朝にはしびれを切らして夫の勤める会社に事情を報告し、その日の午後には地元の警察署に直接出向いて捜索願を届け出た。Eがこう言う。

「ほんとうに躊躇しました。二、三日待っていれば元気に下りてくるんじゃないかって、何度も思いました」

捜索活動の開始は翌十六日からで、警察官と民間人から成る救助隊が前鬼から入山。十六日には民間のヘリが、十七日から十八日までの三日間は奈良県警のヘリが上空からの捜索を行なった。また、これとは別に、Sの勤める会社も社内の山岳クラブのメンバーや登山の経験者を社員のなかから集めて独自に捜索隊を組織し、現地へと向かわせた。Eの話によれば、率先して捜索活動を指揮してくれたのがSの直属の上司であり、のちには会社が社員に対して「山へ行け」という業務命令を発令、社長自らも前鬼の宿坊まで入って陣頭指揮に当たってくれたという。

当初、捜索隊の間では、Sは弥山小屋を出て間もなく正規のルートを外れ、どこかに迷い込んでしまったのではないかという見方がとられていた。というのも、弥山小屋でSといっしょだった登山者を捜し出して話を聞いた際に、前述したように、Sの十五分後に出発した健脚の男性が途中でSを追い抜いていないという証言が得られたからだった。このため、全方位的とはしながらも弥山周辺に重きを置いた捜索活動が行なわれたのだが、当然のことながら、なんら手がかりは得られなかった。

連日、空振りに終わる捜索に、現地入りしていたEの表情にも日増しに焦りの色が濃くなっていた。それを見かねた宿の女将が、贔屓にしている占い師に占ってもらったところ、「Sは十字路の西側にいる。のどが渇いたと言っている」とのお告げ。結局、それはまったくの見当違いだったわけだが、とにかく当初は占いにすがりつきたくなるほどに手がかりが乏しかったのである。

その膠着状態が破れたのは、十九日のことであった。この日、地元の警察官による捜索隊が十津川村方面から入山、手がかりを捜して歩いたところ、釈迦ガ岳の山頂に残された登頂記念プレートを発見した。プレートにはTほか四名の名前が記され、「八月十三日十一時　山頂着」と書かれていた。八月十三日といえば、Sが行方不明になった日である。

警察からこの情報を聞いた会社の捜索隊は、さっそくNTTに捜査協力を依頼し、Tの連絡先を調べてもらった。その結果、NTTに登録されていたTという名前の人は、近畿一円にわずかふたり。Tの名前が珍しいつづりだったことが幸いし、十三日に釈迦ガ岳に登ったTとはすぐに連絡がついた。その日のうちにTの家に出向いた関係者がSの顔写真を見せると、Tは一瞥するなりこう言った。

「太古ノ辻を過ぎたところでお会いしています。話もしました。間違いありません」

Sが太古ノ辻へ下るときにすれ違い、その際に「釈迦ガ岳まであとどれくらいですかね」と尋ねられた五人パーティのひとりがTだったのだ。

この情報によって、Sの足取りがだいたい明らかになった。Sは太古ノ辻までは間違いなく正しいコースをたどってきている。迷ったとしたら、太古ノ辻から前鬼へ下るルートの途中で、ということになる。

これでようやく捜索エリアが限定された。翌二十日、会社の捜索隊は弥山小屋に置いていた本部を前鬼の宿坊へと移動させ、民間ヘリにも再度の出動を依頼した。

しかし不思議なもので、偶然というのは重なるときには重なるものである。

この日、前鬼川の上流のクジャク又谷に入った沢登りのパーティがあった。Wが率いる五人のパーティである。Wらは年に数回は大峰の沢に入って沢登りを楽しんでおり、このときは沢登りの入門コースであるクジャク又谷を往復してくるつもりでいた。

Wらがメモを発見したのは、昼過ぎごろのことであった。メモは、クジャク又谷が右谷と左谷に分かれるところに置かれていた。言うまでもなく、Sが書いたメモである。

Sが弥山のあたりで行方不明になっているというニュースは聞いていたのだが、誰もがすっかり忘れていた。メモを見て、ひとりがおもしろ半分に「Sさーん」と呼んでみたが、たまたまそばにいなかったのか、その声はSに届かなかった。それを子どもかなにかのイタズラだと思い込んだWらは、メモをその場に残し、前鬼へと下っていってしまう。

ところが宿坊に入ると、なにやら騒々しい雰囲気になっている。捜索本部が移動してきたためだ。もしやと思ってWが先ほど見つけたメモの話をすると、その場はにわかに色めき立った。

ただちにWらは捜索隊員を連れて現場へとってかえし、メモをピックアップしてきた。それが夫の字で書かれたものであることをEが確認するや、四人の捜索隊員らが再び現場へと向かった。現場付近でビバークして一晩を明かした四人は、翌二十一日の日の出とともに捜索を開始したのである。

3

午前七時前、岩陰にいたSは、「Sさーん」と呼ぶ声を聞いた。幻聴ではない。たしかに自分を呼ぶ声である。「来てくれたんだ」と思った。

「おーい、ここでーす。Sでーす」

Sは声を限りに叫び返した。Sの視野に四人の姿が入った。徐々にこちらに近づいてくる。顔が判別できる距離にまで来たときに、「アレッ」と首をかしげた。まじまじと顔を見たら、よく知っている会社の仲間たちであった。なんとも言えない気持ちで胸がいっぱいになった。

「ありがとう。ほんとうにありがとう」

言葉はそれしか出てこなかった。

およそ三十分後に、警察や民間の救助隊員が現場に到着した。

「ヘリを呼びますか。もしタンカが必要ならば持ってきますけど。それとも自力で歩けますか」

そう聞かれたSは、思わず「歩きます」と答えていた。そのときは歩けると思ったのだが、やはり気持ちが高ぶっていたようだ。いざ歩き出してみると、足に力が入らない。しばらく行くうちに、息も切れてきた。だが、今さら「やっぱりヘリを呼んでください」とは言えなかった。Sが振り返って言う。「あのときは、ほんとうにしんどかったです」と。

会社の仲間や救助隊員らに付き添われながら、妻らが待つ前鬼の宿坊へと、Sはゆっくり歩を進めていった。それはまた、うっかり足を踏み入れてしまった異世界から人間の世界へもどるための歩みでもあった。

この遭難事故は、Sの犯したたったひとつのミス――太古ノ辻からの下りでルートを外れて沢に入ってしまったこと――によって引き起こされた。が、Sに同情の余地がないわけではない。「あそこはちょっとわかりにくい」と言うのは、山上ガ岳の宿坊と弥山小屋でいっしょだったKだ。Kは以前に前鬼から釈迦ガ岳へ登ったことがあるので、地形が頭に入っていたのだという。Sのメモを最初に発見したWもこう言う。

「Sさんが迷った地点は、実際、間違いやすいところだと思う。私は同じコースを何度も通っているが、Sさんと同じようにルートを外れて沢を下っていこうとした登山者を何人か見ている。そのたびに『前鬼はそちらじゃありませんよ』って教えてあげたんだけど」

Sの遭難事故の約二カ月後、やはり同じ場所でふたりの中高年登山者が沢のほうへ迷い込み、二日後に救出されるという事故も起こっている。

だが、迷いやすい箇所であることは確かなのだろうが、それでもなお注意深く行動していれば防げた事故なのだ。Kがこう言う。

「Sさんが歩いてきたコースには、もっとわかりにくい箇所があったはず。そういうところを間違わずにちゃんと通過しているのに、なぜあそこだけ……」

S自身、そのことを深く自省している。

「同じ日に同じコースを歩いているほかの三人の方は迷わずに通過しているのに、私だけが迷ってしまったんですから、やはり注意力が足りなかったのだと思います。その伏線に、最終バスの時間に間に合わせなければという気持ちがあったことは確かでしょう」

もうひとつの反省点は、道を間違えたあとのリカバリーのまずさだ。迷ったことに気づいて引き返そうとしたときに、下ってきた方向がわからなくなっていたのだから、漫然と行動していたと思われても仕方あるまい。

ただし、踏跡とプレートを見つけてからの行動——救助を求めるメモを書き、一箇所にとどまって救助を待ったこと——は適切であったと言っていいだろう。結果的にはそのメモがSを救うことになったのだから。

事故のあと、Eは身内から「Sの山道具は全部焼いてしまえ」と言われたという。この先、Sがひとりで山に行くことにも不安を禁じえない。

そんな周りの反応を見て、Sはしばらくおとなしくしていたほうが得策かなと考えている。

風雪にかき消された下山路

北アルプス／槍ガ岳

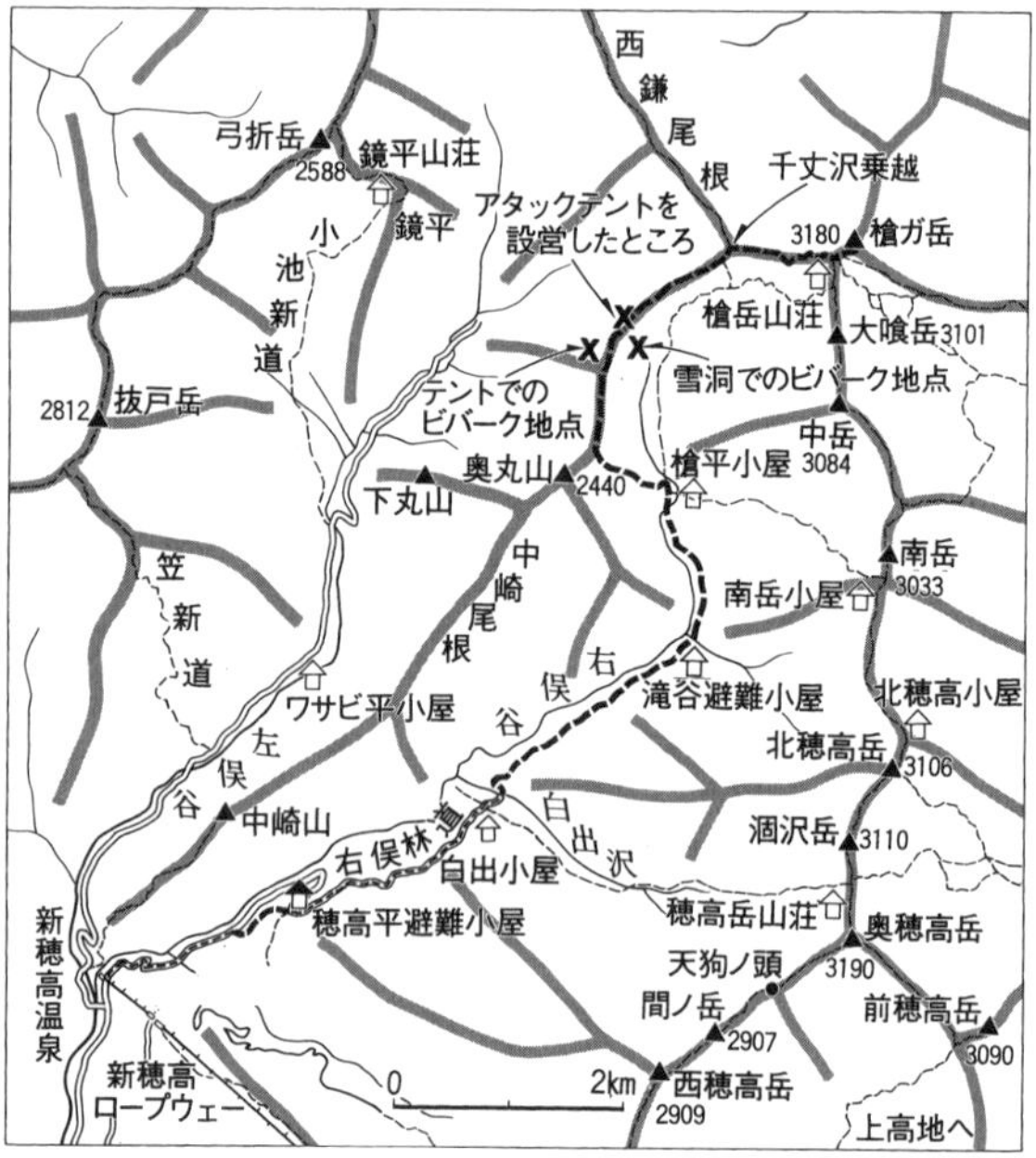

西鎌尾根
千丈沢乗越
弓折岳
2588
鏡平山荘
小池新道
鏡平
アタックテントを
設営したところ
3180
槍ガ岳
槍岳山荘
大喰岳
3101
雪洞でのビバーク地点
テントでの
ビバーク地点
2812
抜戸岳
中岳
3084
奥丸山
2440
下丸山
槍平小屋
中崎尾根
笠新道
南岳
3033
南岳小屋
右俣谷
滝谷避難小屋
北穂高小屋
ワサビ平小屋
北穂高岳
3106
左俣谷
中崎山
白出沢
涸沢岳
3110
右俣林道
白出小屋
穂高平避難小屋
穂高岳山荘
新穂高温泉
奥穂高岳
3190
天狗ノ頭
間ノ岳
2907
前穂高岳
3090
新穂高
ロープウェー
0
2km
西穂高岳
2909
上高地へ

1

一九九〇（平成二）年十二月三十日の昼、滋賀県神崎郡五個荘町の自宅を出た永田久(53)は、電車で飛騨高山まで行き、そこからバスに乗り継いで新穂高温泉に入った。時刻は午後五時三十分。冬の山間部の日暮れは早く、あたりにはすでに夜の帳が下り始めていた。

永田が新穂高温泉にある登山指導センターに提出した登山計画書には、以下のような行動予定が書き込まれていた。

12／30　新穂高より入山。穂高平避難小屋　小屋
12／31　槍平小屋　テント
1／1　中崎尾根　テント
1／2　槍岳山荘　小屋
1／3　槍平小屋　テント
1／4　穂高平避難小屋　小屋
1／5　下山予定

ピッケル、アイゼン、ワカンはもちろん、テント、シュラフ、ウェアなど冬山装備は万全であった。食料も一週間分は充分にあり、ほかに非常食も持った。ザックの重量は二五キロほどになっていた。

軽食をとり、荷造りをチェックしたのちの午後六時三十分、永田は槍平へと続く蒲田川右俣谷沿いの林道をたどり始めた。

冬にこの道をたどるのはこれが三回目であった。過去二回とも夕方に新穂高温泉を発って穂高平避難小屋に入っているし、行程もわずか一時間ほどの林道歩きなので、夜間の行動とはいえまったく不安はなかった。しかし、この年は近年にない積雪の多さで、トレースから外れると膝上までのラッセルとなった。

ヘッドランプでトレースを照らしながら黙々と歩いていると、顔見知りになっていた穂高平避難小屋のオーナー、水上千利が下りてくるのにばったりと出会った。水上はその夜の当番に当たっている登山指導センターに向かうところであり、「天候に気をつけてがんばれよ」と永田を励ました。

穂高平避難小屋に着いたのは午後八時三十分。例年だと約一時間の行程なのだが、雪が多かったため倍の時間がかかってしまった。

小屋にはほかに何人かの宿泊客がいた。本格的な冬山登山者というよりは、近辺を散策して遊ぶ常連客のようだった。

水上の妻の暖かい笑顔に迎えられ、永田の気持ちはゆるりとなごんだ。小さいが心温まる風呂、心尽くしの料理、おいしい味噌汁……ささやかではあるが、いつ来ても嬉しいもてなしだった。居間のストーブの前で飲んだ、冷えたビールの味がこたえられなかった。

翌三十一日は朝七時に小屋を出た。天気は晴れ。十二時に滝谷出合で昼食をとり、午後三時には槍平小屋到着。槍平小屋は冬期一部開放されていたが、先客がいたため、予定どおり外にテントを張った。

夕方になって、みぞれがテントのフライシートを叩き始めた。明日の天気が気がかりであった。年が明けて一九九一（平成三）年を迎えた。みぞれはいつしか雨に変わっていた。気温はかなり高いようだった。しとしとと降る、嫌な感じの雨だった。

真冬の標高二〇〇〇メートル地点で雨に降られるというのは、そうそうあることではない。「今年もまた失敗に終わるのか」という思いが、一瞬、頭をよぎった。せっかく新しい年を迎えたというのに、永田の胸の内は曇天のようであった。

永田は一九三七（昭和十二）年、福岡県鞍手郡に生まれた。中学生のときに学校の教師に連れられて九重山に登ったのをきっかけに山に魅せられるようになり、祖母山や九重山、阿蘇山など九州の山々に足跡を残してきた。高校、大学時代と山岳部には所属せず、たまに友人たちと歩くことを除いて、ほとんどが単独行であった。永田がこう述懐する。

「こう言ったらおかしいかもしれませんが、私の母親が高校二年のときに亡くなった関係もあって、どちらかというと家庭的にさびしい想いをしていたんでしょうね。〝逃避〟という面から山に行くケースが比較的多かったと思います。ひとりで行くという形でね」

高校卒業後は家を出て、福岡市内で下宿をしながら大学に通っていた。ふだんはアルバイトに追われていたため、山へ行けるのは盆と正月ぐらい。アルバイトで貯めたお金で、主に北アルプス方面へ出かけていた。大学を卒業してガス器具関係の会社に勤めるようになってからも、また三十歳を過ぎて小さな設備関係の会社を興してからも、盆と正月の山行はずっと続けた。商売柄、年末は除夜の鐘が鳴るころまで集金に回り、そのあとすぐ山へ出かけていくということもしばしばであった。

「仕事の関係というか、お金と時間がなかなか……。零細企業ですからね。ふたりか三人で仕事をやっていた関係で、なかなかまとまった休みをとることもできなかったし。でも、盆と正月だけはどんなことがあっても時間を空けるようにしてましたけど。冠婚葬祭だとか初盆だとかのとき以外はね」

仕事に忙殺されてせわしなく過ぎていく一年のなかで、唯一、永田にとって息抜きとなったのが盆と正月の山行であった。年に何度かは日帰りで近郊の山へハイキングに行くこともあったが、盆と正月の山行はまた別格のものであった。それは、ある意味で永田の生き甲斐であったと言っても言い過ぎではないだろう。

学生時代同様、働き出してからの山行も、もっぱらひとりで行くことが多かった。あえてそうしたのではなく、おのずとそうなってしまったのだと永田は言う。

「古い時代でしたから。友だちといっしょにグループで行くということが時間的に合わせられなかったということもありますし。ある程度年齢がいけばいったで、自分のペースっていうものができてきますし、体力的な面でも若い人たちにはついていけなくなりますしね。だから自然と単独行という形が定着してしまって。若いころに山に登った連中とはもう離れてしまっているからよけいにね。この近くにも山登りの同好会とかありますけど、そういうのに参加するチャンスもなかったしね」

山登りの技術や知識にしても、だれかに教えてもらったわけではない。山岳関係の書物をひも解き、また実際に自分で登りながら習得してきたという点で、まったくの独学であるといっていい。

盆と正月の年に二回、まとまった休みをとって行く山は、北アルプスの穂高岳周辺にほぼ限られていた。夏ならば奥又白谷から涸沢へ入るパノラマコース、西穂高岳から奥穂高岳への縦走路など、あまり人のいないコースを好んで歩いた。冬は上高地に入り、蝶ガ岳や徳本峠、西穂高岳など周辺の山に登ってから西穂山荘経由で新穂高温泉に下るというパターンを十五年間ほど続けた。

当初は上高地の木村小屋が冬も営業をしていたので、しばらくは木村小屋をベースにしていたが、木村小屋が閉鎖されてからは明神や徳沢などにテントを張った。たとえばそこから蝶ガ岳へ行くときには、シュラフだけを担いで登り、蝶ガ岳ヒュッテの冬期小屋に一泊してからもどってくるのである。あるいは上高地から西穂山荘に登り、日帰りで西穂高岳を往復することもあった。いずれにしても、下山口は必ず新穂高温泉と決まっていた。

この、上高地から新穂高温泉に抜ける山行を十五年ほど毎年続けたのにはわけがある。

そもそもは、冬山の入門コースとして上高地をベースに周辺の山に登り、帰りは西穂山荘を越えて新穂高温泉に下山しようと考え、それを実行に移したのが始まりだった。そしてその翌年の正月も、同様のコースをとった。永田が言う。

「冬山は行き慣れたところ以外へは行かないという、自分なりの信念があったんです。単独行ですから、万一遭難したときを考えるとね。慣れたところであれば、どこに逃げ場があるとかわかりますから。どういう場面に遭遇しても、なんとか自分で自分の命ぐらいは守れるでしょうから。そういう意味で、まあ夏はいろいろ行きましたけど、冬はあんまり浮気をせずに同じところに行くようにしようと思ったんです」

そういうわけで上高地から新穂高温泉へ抜けるという正月山行を数年にわたって何度か続けたのだが、ある年のこと、下山してきた飛騨高山で、たまたまその年の木彫りの干支をお土産に買い求めた。それを翌年、翌々年と続けるうちに、なんとなく途中で辞めるとよくないことが起こるように思えてきて、ならば十二支すべてがそろうまで続けようと決心したのである。

とはいえ、天候によってはどうしても新穂高温泉へ抜けられないことも何度かあった。そういう年は、夏に北アルプスに来たついでに飛騨高山に立ち寄って買い足した。

結局、十二支全部がそろったときには四十九歳になっていた。

満願をかなえたことで、毎年恒例となっていた上高地から新穂高温泉への正月山行にもピリオドが打たれた。さて、次はどのようにパターンを変えようかと考えていた翌年の正月、永田はひとり燕岳から大天井岳への縦走を行なった。幸い天気に恵まれ、縦走路からは北鎌尾根を従える槍ガ岳の勇姿が遠望できた。その美しくも迫力ある山容に、永田はたちまち魅せられてしまった。

「それまでは自分が槍ガ岳に登るなんて思ってもいなかったんだけど、五十という歳に初めて冬のすばらしい槍ガ岳を見て、これはぜひチャレンジしてみたいなと思ったんです」

その年の夏と秋に偵察山行を行ない、山小屋関係者らからいろいろ話を聞いた結果、中崎尾根から千丈沢乗越を経て槍ガ岳へ至るコースがいちばんリスクが少なそうだと判断した。早速、五十一歳のときの正月に現地へ向かうが、雪崩のため槍平小屋までで敗退。翌年も夏と秋に偵察山行を行なってから再び正月に挑んだが、これも失敗に終わった。

ただ、感心すべきは、永田が文献や人の話から得る情報だけに頼らず、実際に自分の目で何度もコースを確認してから山行に望んだということである。

「夏、秋、冬と見て回ってみて、中崎尾根を忠実に詰めていけば雪崩の心配はないなと思いました。森林地帯ですからね、あの尾根は。で、尾根まで槍平小屋から突き上げてしまえば、そう苦労せずに行けるのではないかと。尾根まで上がるにはラッセルもありますけど、正月のことですから、みんなが上がってトレースも多少はついているでしょうし」

そして一九九一年正月の三度目の挑戦に当たっては、年齢と体力を考慮し、テントを中崎尾根の中間点まで担ぎ上げて、そこをベースとすることにした。できるだけ荷を軽くするため、食料もアタック分だけを持ち、残りは槍平小屋に置こうと考えていた。

事前の念入りな調査と万全の装備、そして無理のない計画。そこには遭難という危険因子が入り込む余地はないように思われる。だが、行動中にわずかな油断と判断ミスが生じた。そこからほころびは大きく広がっていくことになる。

2

一九九一年の元日、永田は午前七時に槍平小屋を出発した。予定どおり、食料はアタック用三日分と、チョコレート、乾パン、レーズンなどの非常食を持ち、残りの食料と必要のない装備は小屋に置いた。

槍平からは樹林のなかの急登が続いた。あたりにはガスがたちこめていて、見通しはきかない。しかし、かなり多くの登山者が入っているようで、トレースはしっかりとついていた。積雪量はたいしたことはなく、トレースを外れないかぎりズボッともぐるようなことはなかった。

アゴを出しながら中崎尾根をめざすうちに、雨は本降りとなった。「やっぱり今回もダメなのか」

という嫌な予感が、再び頭をもたげてきた。

やがて樹林がまばらになり、奥丸山北東直下の中崎尾根に出た。晴れていれば槍・穂高連峰が望めるところだが、依然、周囲は濃いガスに包まれていた。

午後二時、奥丸山分岐と千丈沢乗越のちょうど中間、標高二三八八メートル地点のあたりで行動を打ち切り、そこにアタックテントを設営した。早めに夕食をすませ、明日に備えて早々とシュラフの中に潜り込む。夜十一時ごろ、目を覚ましてテントの出入口から空を見上げると、満天の星が瞬いていた。明日の晴天を祈りつつ、再び眠りについた。

期待虚しく、翌二日は朝からパラパラと雪が舞っていた。テントをその場所に残したまま、午前七時にスタート。気温はさほど下がっていないようで、あたり一面を濃いガスがすっぽりと覆い、視界はほとんどない。

十二時ちょうど、西鎌尾根の千丈沢乗越に出たとたん、飛騨側から猛烈な強風が襲いかかってきた。あまりに風が強いため、コース上の雪はほとんど飛ばされて岩が露出していた。雪庇は信州側のほうに張り出しているので、風をまともに受ける稜線の飛騨側およそ五メートルほど下を、ピッケルとアイゼンをきかせながら這いつくばるようにして進んだ。視界は相変わらず悪かったが、飛騨側にいるかぎり雪庇を踏み抜く心配はなかったし、尾根を忠実にたどっていけばおのずと槍ガ岳へ導かれるはずだった。永田は尾根にへばりつくようにして、一歩一歩、槍ガ岳への距離を縮めていった。

午後二時三十分、ようやく槍岳山荘に到着した。天候は回復せず、視界はゼロ。山荘前に立ったときに突風が吹き抜け、一瞬、体が持っていかれそうになった。風速三〇メートル以上は確実にありそうだった。

槍岳山荘の冬期小屋には三十人ほどの登山者が泊まっていて、ほぼ満杯状態であった。夕方、雲の切れ間からときおり槍ガ岳が姿をのぞかせた。それを見ながら、明日こそは晴れてくれと、永田は心の中でつぶやいていた。

三日は午前四時三十分起床。早めに朝食をとり、荷物の整理をして六時三十分に出発。願いが通じたのか、昨日までとは打って変わって雲ひとつないみごとな晴天である。まさに絶好の登山日和となった。

槍ガ岳への登りにはすでにたくさんの登山者が取り付いていて、順番待ちの列ができていた。それでも一時間三十分後の八時には、念願の山頂に立つことができた。そのときの感動を永田はこう記している。

「三六〇度の大展望。穂高連峰・乗鞍・遠くに白山。富士山も見える。神々しい白銀の世界。苦労した甲斐があった。槍の頂で朝日に映える山々の写真を撮りまくる」

まさか冬の北アルプスでこれほどの晴天に恵まれるとは思ってもいなかった。また、その最高のコンディションのなかで三年越しの夢が果たせ、喜びもひとしおであった。

興奮冷めやらぬまま、永田は九時に槍ガ岳の頂上をあとにした。いくら天気がよかったとはいえ、ふつうは冬の三〇〇〇メートルの山頂に一時間もとどまらない。それほど嬉しかったのだろう。

頂上からの下りもまた順番待ちとなった。強風に磨かれた雪が岩に氷結していて、慣れない登山者が通過するのに時間を食っているようだった。

十時に槍岳山荘に着き、パッキングをしなおして山荘を出たのが十時三十分。結局、槍岳山荘から槍ガ岳を往復するのに四時間もかけてしまったことになり、永田が思い描いていたスケジュールとは二時間遅れの誤差が生じていた。

このことを、永田は「たしかに遊び過ぎた」と振り返るが、それがあとで間接的に大きな災いを招くことになろうとは思いもしなかった。

西鎌尾根の烈風は昨日と同様だったが、ずっと太陽が照りつけていたので、雪庇の張り出していない安全な箇所で信州側のほうに回り込めば、体が汗ばむほどであった。千丈沢乗越から中崎尾根に入り、張りっぱなしだったアタックテントに帰り着いたのが午後一時。前後して五人のパーティが槍平へ下っていった。

このころになるとだいぶ雲が出始めて、風も少し強くなってきていた。しかし槍平小屋までは二時間もあれば楽に下れる。時間的な余裕は充分にあった。そこで永田は疲れを感じていたこともあり、テントの中に入って体を休めながら食事をとることにした。

その判断が、実は間違いであった。もしこのときに、わずかな休憩と軽食をとるだけにとどめ、テントを撤収してすぐに下山していたら、あるいは雲と風が出てきたことを天気が崩れる兆候と受け取っていたなら——それを永田はあとで深く後悔することになる。

永田はテントの中で乾燥米を炊いて昼食をとり、「やれやれ」といった感じでゆっくりと体を休めた。その一時間余りの間に天候が激変した。風がテントを打つ音が強くなってきたので出入口から顔を出してみると、いつの間にか忍び寄ったガスがあたりを乳白色に塗り込め、みぞれのような雪が強い風にあおられて舞い踊っていた。永田が言う。

「まさかそんな短時間の間に天気が激変するとは考えてもいませんでした」

慌ててアタックテントの撤収にとりかかったが、時すでに遅し。その間にも状況はみるみるうちに悪化して、出発するころには完全な吹雪になっていた。

テントを張っていたところはゆるやかな尾根の上で、見通しがきかないと方向を定めるのが難しい。永田が出発した時点で視界は五メートル前後。猛吹雪のなかで下山方向が確認できず、下り始めて間もなく道がわからなくなってしまった。

四時ごろになって、どうやら槍平とは反対側の左俣谷の斜面に踏み込んでしまったらしいと気づき、来た道をもどりはじめた。しかし、ブッシュ混じりの斜面は雪が深いうえに傾斜がきつく、腰のあたりまでのラッセルとなった。あまり下っていないはずだったが、雪が踏み固められていない斜面なので思うように登っていけない。

なんとかアタックテントを張っていた場所までと思ったが、あたりも次第に暗くなってきたので、もどることをあきらめてビバークを決意。急斜面の雪を踏み固め、立木と立木の間にロープを張ってテントを設営した。

ますます激しさを増す風雪の音を聞きながら、永田はひとりテントの中で明日のことを思った。明日は天気が回復してくれるだろうか、槍平まで下れるだろうか、と。

明くる四日の朝、願いも虚しく、風雪はまったく衰えを見せていなかった。積雪量は一晩で六、七〇センチほどになった。

午前十時、テントをその場所に残したまま、現在位置と方位と下山ルートを確認するための偵察に出た。依然、猛吹雪で視界がきかないため、帰ってこられなくなると困ると思い、タオルを裂いて木に結び付けながら進んだ。

アタックテントを張った場所までは意外とすんなり行けたが、下山ルートがどうしても確認できない。仕方なく、救助隊が来たときのための目印（除雪をしているときに壊れたスコップ）を残してテントにもどった。

早めの夕食をすませ、テントの周囲を除雪してからシュラフに潜り込んだ。吹雪の勢いは相変わらずで、もう一度夜中に起きて除雪をしないとテントが潰されてしまいそうだった。日没となる午後五時から日の出の午前七時までの十四時間、まんじりともせずにじっと朝を待つ時間がどれほど長く感じられたことか。とりわけ明け方の三時から四時までは気温がマイナス二十度を越えていたようで、冷え込みがかなりキツく感じられた。

雪に閉じこめられた暗闇のなか、朝を待ちながら思うのは、昨日のちょっとした油断のことばかりであった。

「そりゃあもう、悔やまれてならんかったです。結局、槍ガ岳のスタートが遅れたっていうのが根本的なミスでした。それと、テントにもどったとき。軽食ですませておいて、槍平小屋に下ってからゆっくりしていれば、どうってことはなかったんですよね。同じ時間帯に下りてきた五人のパーティは、余裕で下ってしまっているわけですから」

五日の朝、いくぶん風は弱まったものの、雪は降り続いていた。積雪量は昨日と同じぐらいだったが、テントの周囲の積雪はテントの高さ以上になっていた。

この日は数時間をかけて、アタックテントを張った元の場所にテントを移動する作業を行なった。こちらのほうが場所的に安定しているし、下山ルートの確認もできるからだ。また、夜中に除雪を行なう必要もなさそうだった。

午後、テントを設営したあとで、地図とコンパスを持って周囲を偵察していたときに、下る方向がはっきりと確認できた。それで少しは安心し、テントにもどって仮眠をとった。夜よりも気温がいくぶん高めなので、昼間のほうが寝やすいようだった。

夕方になって、仕事のことが気になってきた。この日から出入りの職人がひと足先に仕事を始めてくれているはずだった。永田自身、予定ではこの日の午後七時ごろには帰宅することになっていたのだが……。

ラジオは寒気団が居座っていることを告げていた。仕事初めは明後日だが、明日も天気の回復は望めそうになかった。それどころか長期戦になる気配さえ漂い始めていた。食料と燃料はアタック分しか持ってきていない。燃料は明日にも切れそうだったが、食料はまだわずかに残っていた。長期戦にもつれこむことを考えると、食事は一日二回にせざるを得なくなった。

が、悪天候は続いても三、四日だろうと、永田は計算していた。昨日の夕方には穂高平避難小屋に泊まることになっていたので、小屋の水上も心配しているに違いなかった。このまま下山できなければ、天気の回復と同時に水上がなんらかの手を打ってくれるはずである。とにかく、あと三、四日すれば必ず天気は回復するから、それまでの辛抱だと自分自身に言い聞かせた。

3

六日、雪は相も変わらず降り続いていたが、風はそれほどでもなかったので、槍平小屋まで行ければと、テントを撤収して午前七時半から移動を開始した。

この三日間の積雪はゆうに二メートルを越えており、新雪は胸のあたりまでもぐった。とてもザックを担いで動くことができないので、空身のまま背中で雪を押し固めながらわずかずつ前進した。ザックはショルダーベルトの部分を手でつかんで引きずるようにして運んだ。それはもうラッセルという状態ではなく、まるで雪の中でもがく芋虫のようであった。

雪に苦闘すること六時間余り、移動できた距離はわずかに二〇〇メートルほど。気がつくとオーバーグローブの中に雪が入り込んでいて、手には鈍痛が生じていた。凍傷の初期症状である。午後二時、これ以上行動を続けることは危険だと判断し、ビバークの態勢に入った。この時点で永田は自力脱出を断念し、救助が来るまで待つ覚悟を決めたという。

テントでは寒さが厳しかったので、この日は雪洞を掘ることにした。スコップは壊れてしまって使い物にならなかったため、コッフェルで雪を掻き出して穴を広げていき、どうにか人間ひとりが座れるぐらいの雪洞を完成させた。

雪洞の中でホッとひと息つくと、仕事のことや家族らのことが思い起こされた。永田自身の仕事始めは明日からだったが、とうとう下山できなかった。下山予定日の翌日になっても帰らず、家族の者もみな心配しているであろう。それもこれも自分の油断が招いた結果であり、今さらながらに己の判断ミスが悔やまれた。

七日は午前九時三十分に目が覚めた。雪洞の中はテントとは比べ物にならないほど暖かく、遭難して以来初めてぐっすりと眠ることができた。

慌てて雪洞から這い出してみたが、すぐにガックリと肩を落とした。とてもじゃないが救助隊の出動を期待できるような天候ではなかった。この悪天候がいつまで続くのかと思うと、暗々たる気分になった。

とにかく救助を待つしかなく、持久戦に備えて雪洞内の居住性をよくするため、足を伸ばして横になれる程度にまで穴を広げた。

すでに燃料のガソリンも尽き、わずかに残っていたインスタントラーメンをそのままガリガリとかじって空腹を満たした。薄暗く音のない雪洞の中では、ただじっとして時間の流れに身を任せるしかなかった。何度も時計を見たが、時間は遅々として進まない。妻のこと、子どものこと、会社のこと、仕事先のこと、いろいろな心配事が次から次へと頭をよぎっていった。永田が振り返りながら言う。

「その当時、ちょうど五十ちょっとぐらいで、仕事にしてもやりたいことがありましたからね。会社の技術的な問題でまだまだ至らない点もありましたし。それから子どもたちの成長も見届けていないし。いろんな分野で未完成なことばかりでしたから」

以下はのちに永田がしたためたこの日の記録からの引用である。

「死と言う不安が頭をもたげてくるが、意識して打ち消す。午後四時、今日も一日終わった。長い長い夜を迎える。寝られず色々の事柄が頭を過ぎる。楽しかった事、苦しかった事、まだまだ、やりたい事が沢山ある。絶対死んではならない。生き残るすべは何かを考える。動かず体力の消耗を極力押さえ、体力の温存をはかる事それ以外にない」

この日の午後七時ごろ、ラジオのニュースで自分の捜索願いが出されたことを知った。しかし、天候が回復しないことにはどうにもならない。とにかくそれまで自分の命を永らえさせることが最重点課題であった。

八日も雪。寒さのため電池の消耗が激しく、ラジオがほとんど聞き取れなくなった。この日、最後に残っていた食料、バターとチョコレートを食べてしまった。明日からは塩と水だけとなる。以前読んだ遭難の記録に、塩と水だけで何日も生き延びたとあったことを思い出し、自分もなんとしてもがんばらなければという気持ちになった。

九日の朝、起きてすぐに天気を確認するも落胆に終わった。「今日もダメか」と、一日中寝て過ごした。うつらうつらしては目を覚ますことを繰り返していたので、睡眠はそこそことれていた。空腹感は思っていたほどではなかった。

水分は雪を食べて補給したが最小限にとどめ、常に口の中がニチャニチャとする状態に保っていた。完全に渇きを癒すことよりも、雪を食べることによって体温が低下することを恐れたからだ。体温が下がっていくことを抑えられずに死に至るという遭難のケースは、書物などで何度も目にしていた。だから絶対に体温を下げてはならない。終始それだけを心がけていた。

朝昼晩に雪洞から顔を出して天候を確認するときと用を足すとき以外、体力を温存するために外にはいっさい出なかった。雪洞内は昼でも薄暗く、ほとんどモグラ状態であった。

そんな状況のなかで永田が正気を失わずにいられたのは、マッチとロウソクがあったおかげだという。

「たしかマタギの教えだと記憶しているんですが、本で読んで以来、ロウソクとマッチと新聞紙はどんな山行のときでも持っていくようにしていたんです。それらが初めて役に立ちました。新聞紙は靴が濡れたときなどに水分を吸収させるために使うんです。そのときは使いませんでしたけど。ロウソクは灯にもなるし暖房の代わりにも使えるし。そのロウソクに火をつけるのも、マッチじゃないとダメなんです。ライターだと、気温がマイナス〇度ぐらいになると火がつきませんから。マッチならどんなに気温が下がっても火がつきますからね。真っ暗闇な雪洞の中では、ほかの装備がいくらよくても、このロウソクとマッチがなければどうすることもできませんでした。だからロウソクとマッチを持っていたことが、私が生き残れた最大の要因だと思います」

夜中に時計を見るとき、寒くてたまらないとき、あるいは不安感にさいなまれてどうしようもなくなったとき、永田はロウソクに火を灯した。そのほのかな明かりが、永田に生きようとする前向きの力を与えてくれた。

だが、できるだけ節約しながら使っていても、ロウソクは日に日に短くなっていった。そしてもしロウソクが尽きてしまったら……。そのときは自分の命もなくなるときだろう思っていた。

悪天候は一月十日になっても続いていた。

毎日降り続く雪のため雪洞の出入口付近に積雪がたまり、出入口は日増しに高くなっていった。最終的には上に二メートルほど上がってしまい、出入りするのに滑りやすい坂を上り下りしなければならず、苦労を強いられた。

新雪なので空気をたくさん含んでいるだろうとは思っていたが、雪洞の中で窒息死してしまうのではないかという一抹の不安もあった。通気性を確保するため、出入口にはテントを被せていたのだが、それも降雪ですぐに埋ってしまった。かといって埋るたびに除雪するだけの気力はなかった。それは精神的にも体力的にもとても不可能であった。万一、窒息死するのならそうなったまでだ。そう開き直っていた。

雪洞の中は暖かかったが、体温や呼気などで天井部の雪が解け、雫になってポタポタと落ちてきて寝袋や衣類を濡らした。すでにシュラフはびしょ濡れになっていて、両足も凍傷にかかってしまっていた。ただ、雪洞の中ではずっとゴアテックスの雨具を着ていたので、ウェアは濡らさずにすんだ。もし濡れてしまったとしても、まったく手をつけていない着替えがあったので、その点では心強かった。

ただし、両手の凍傷はかなりひどい状態になっていた。親指は両方とも爪がとれ、第一関節より上の皮膚がサックのようにスポッととれて、肉が剝き出しの状態になってしまった。いちおうバンドエイドを巻きつけて固定したのだが、靴を履いたり紐を結んだりする動作がかなりやりづらくなってしまった。また、小便をするのにも不自由なので、仕方なく雪洞の中に穴を掘って処理をした。

食料がなくなってすでに二日目、今まで食べて美味しかったものが、頭の中を走馬燈のように駆け巡った。ウトウトしていたときには、おでんを食べている夢を見た。寒いなかでは温かいおでんが最高のごちそうであり、それがいちばん食べたいものだった。が、おでんを口の中に入れようとしたところで目が覚めた。

このころの心境について、永田は次のように語っている。

「最初のうちは仕事のことや家族のことばかり考えていたんですが、食料がなくなってからは、そういうものを超越してしまって、〝食べたい〟ってことのみでした。生き残るには食べること以外にないでしょ。最終的にはもう食べることのみ、ですよ。人間の生存本能なんでしょうね。だから生き残って帰るにはどうしたらいいのか。そのためには動かないこと、そして体温を下げないこと。これに徹する以外にはないと思ってました」

日増しに状況が厳しくなるなかで、ともすれば「なんで神様はこんな悪さばかりするんだろう」と気弱になることもあった。そんなときは「大丈夫、自分は絶対生きて帰るんだ」と口に出して自己暗示をかけた。

ずっと続いている悪天候も、あと二、三日もすれば回復するだろうと踏んでいた。それまではどんなことがあっても生きなければならなかった。いや、ただ生き延びるだけではダメだった。生きていても動ける状態でなければ、たとえヘリが捜索に飛んできたとしても見つけてもらえない。雪洞の中から外に這い出すことができないなら、死んでいるのと同じである。だから救助が来てくれる日まで、自力で動ける状態をいかに維持しておくか、つまりは体温の低下と体力の消耗を抑えることがなにより重要なのだと、永田は信じて疑わなかった。

4

一月十一日の朝、永田の家に岐阜県警山岳警備隊から連絡が入った。「今日は天気がいいからヘリが飛べそうだ」と告げたのは、ヘリコプターのパイロットであった。前後して、捜索願いの届出以来、警備隊の本部となっている神岡警察署に詰めていた永田の長男と次男も、「今日は飛んでもらえるらしい」と知らせてきた。

電話を受けた永田の妻、真智子は、すぐにテレビのスイッチを入れ、ニュースにチャンネルを合わせた。夫が山で消息を絶ってからというもの、ずっと悪天候が続いていたので仕方ないとはわかっていたが、現地から入ってくる連絡は「今日もダメ」「今日もダメ」の繰り返し。すべてを山岳警備隊に一任していたとはいえ、毎日ヤキモキしながらヘリが飛ぶのを待っていたのだった。その日がようやくやってきたのである。

前年の暮れ、真智子は持病の喘息をこじらせて病院に入院していた。正月は一時退院して長男や長女らと過ごしていたが、正月明けの四日に再入院。検査の結果が良好だったので、五日に退院が許されて家にもどっていた。

毎年正月に夫が家にいないのは永田家の恒例であり、新年を子どもたちと迎えるのは真智子にとって当たり前の光景となっていた。

夫が冬山に行くことに対しては、不安がなかったわけではない。「今、下りてきた」という連絡が入るまでは、どことなく落ち着けないときもあった。だが、山行前に用意周到に準備をしている夫の姿をいつも見ていたので、特別に心配するようなことはなかった。だから下山予定日となっていた五日も、長男と「どうしたんだろうね。電話がないね」と話してはいたが、まだ心配するまでには至っていなかった。

ところがその日の夕方近くになって、岐阜県警から「ご主人はもう帰られていますか」という電話がかかってきた。永田が下山してこないのを心配した穂高平避難小屋の水上が警察に報告を入れ、その確認のための電話がかかってきたのであった。

電話によって夫がまだ小屋にももどってきていないことを知った真智子は、広がろうとする不安を懸命に打ち消そうとした。永田はそれまでにも電話をかけずに帰ってくることがあったし、冬山に行って一、二日下山が遅れたことも何度かあった。だから今回も天気がよくなるのを待っているんだろうと、努めて思うようにした。

しかし、翌六日になっても永田は帰ってこず、また連絡も入らなかったので、七日、捜索願いを提出させるために長男と次男を神岡警察署へ向かわせた。ふたりはそのまま神岡にとどまり、現地の情報を連日、電話で母親に伝えた。

天候が回復せずヘリが飛べないため、八、九日は七人の警備隊員が地上からの捜索を行なった。しかし、近年にない大雪のため槍平まで行くこともできず、なんの手がかりも得られないまま捜索は打ち切られた。

地上からの捜索隊が引き返したという連絡を受けて、真智子は「ああ、もうダメなのかもしれない」と思わずにはいられなかった。

「いつも山に行くときには準備万端にしていたんですが、日数が長くなっていましたから。毎朝、息子から電話がかかってきて、『今日も降っているからダメみたい』『天気待ちだって』と言われると、いつのことになるかわからないという感じですよね。だからもうダメかなと。口には出しませんでしたけど、内心そんなことを思ってました」

帰らない夫のことを心配しながらも、夫婦で会社を経営している以上、仕事を休むわけにもいかなかった。が、とても仕事が手につくような状態ではなく、また夜もほとんど眠れなかったため、三日ほど会社の事務所に顔を出したあとは、ずっと家に引きこもっていた。そんな母親を心配した長女は、正月休みを終えていったん帰っていたのだが、会社に事情を説明して休みをもらい、再び実家にもどってきていた。神岡に詰めている長男と次男も電話をかけてきて、「親父のことだから大丈夫や」と言って母親を励ました。ニュースを見て永田の遭難を知った近所の人々は、「少しはなにか食べないといけないから」と、いろいろなものを差し入れてくれた。

下山予定日から六日間、真智子にとってはほんとうに長く辛い時間であった。だが、ようやく天候が回復した今日でそれも終わるはずだった。

テレビの番組が、この年末年始に多発していた山岳遭難事故についてのニュースを流し始めた。画面に晴れ渡った冬山の風景が映し出された。

真智子の目は、テレビに釘付けとなった。


十一日の午前八時、今日もダメだろうと思いながら、雪で埋った雪洞の入口を掘ると、ポッカリあいた穴から、まごうかたなき青空がのぞいていた。我を忘れたかのように雪をかき分けて雪洞から這い出した永田を迎えたのは、八日ぶりのみごとな晴天であった。

遠くでヘリコプターの音が聞こえたので周辺を見回してみると、槍ガ岳のほうにヘリが張り付くように飛んでいるのが見えた。一瞬、自分を捜しているへリかなとも思ったが、よくよく考えてみると、警察のほうでは自分がだいたいこのあたりにいるということを承知しているはずだった。というのも、警察は中崎尾根上で別れた五人パーティに連絡をとっていると思ったからだ。彼らに連絡がとれれば、自分が最後に確認された場所が特定できる。そうすれば真っ先に中崎尾根から槍平までのあたりを捜索に来るはずだから、槍ガ岳のほうを飛んでいるのはほかの遭難救助のヘリだろうと考えたのだ。

そして次に考えたのが、雪洞の中にいて気がつかなかったが、もしかしたらすでにこのあたりは捜索されてしまったのではないかということだった。慌てて永田は雪洞の中からシュラフやテントを引きずり出して、雪の上に広げて置いた。テントはオレンジ色だったので、雪の上ではよく目立った。もしこれから捜索が行なわれるのであれば、こうしておけば必ず見つけてくれるはずだった。

しばらく外に出て待っていると、再び遠くからヘリの音が響いてきた。時刻は九時四十五分ごろのこと。音はだんだん近づいてきて、ついに槍平の上空にその姿を現わした。間違いない。自分を捜しているヘリであった。そのとき初めて永田は「助かった」と思った。

ヘリは槍平小屋に人を降ろし、いったん引き返していった。間もなくするとまたもどってきて、今度は槍平小屋から中崎尾根へ向かって登山コース沿いに捜索を始めた。

だんだんとこちらに近づいてくるヘリに向かい、永田は懸命に手を振り続けた。どうやら気づいてくれたようだった。ヘリはぐんぐんと近づいてきて、頭上で一度旋回しながらスピーカーで「永田さんですか」と呼び掛けてきた。それにうなずいて答えると、次に「救助隊員を降ろすから注意するように」という呼び掛けがあって、ホバーリング態勢に入ったヘリから救助隊員がひとり降りてきた。その隊員、岐阜県警山岳警備隊の森本靖宏がこう言う。

「永田さんはかなり憔悴している様子でした。救助があと一日遅れていたら、助かっていたかどうか……」

永田が吊り上げられて機内に収容されると、森本を現場に残してヘリは飛び立っていった。小さいヘリだったので、ふたりを一度に収容できなかったのだ。

いつの間にか槍平方面からガスが湧き上がってきていた。およそ二十分後、引き返してきたヘリに森本が収容されると同時に、あたりはすっぽりとガスに覆われてしまった。まさに間一髪の救助劇であった。

永田が無事救助されたことを、真智子は警察からの電話で知らされた。追って息子たちからも「助かったぞ。大丈夫だったらしい」という連絡が入った。

そのすぐあと、午前十一時ごろのテレビのニュース番組に、ヘリから救急車に移し替えられる永田の姿が映し出された。

「それを見たときにすぐ主人だってわかりました。だから思わず『あ、お父さん』て言っちゃったんです。ちゃんと自分で立っていたんですよ。びっくりしました。きっとまともじゃない状態、衰弱して立てないだろうと思っていましたから」

その姿を見て、真智子はようやく安心することができた。

5

事故のあとしばらくたって、永田は一冊の山岳書をひも解いた。松濤明が著わした『風雪のビバーク』である。一読して思ったのは「自分のときとまったく同じではないか」ということだった。

一九四八（昭和二十三）年十二月の終わり、徒歩渓流会の松濤明は有元克己とともに北鎌尾根から槍・穂高をめざしたのだが、季節外れの大雨に叩かれたのちに猛吹雪に遭遇。何日間にもおよぶ風雪に痛めつけられたあげくの翌年一月六日、北鎌尾根でとうとう命を落としてしまう。そのときの天候の状況、つまり季節外れの雨のあとで猛吹雪が何日間も続くという経過が、自分の場合と酷似していると感じたのである。

だが、松濤明は力尽き、永田は生き延びた。

「当時のテントは綿でできていたでしょ。だから雨に濡れたのがバリバリに凍ってしまって、テントの役目を果たさなかったようです。それも一因になっていたみたいですね。今のように装備がよければ生き残れたはずなんですよね」

逆に言うなら、当時であれば永田も死んでいたということになる。

それはともかくとして、永田の遭難の原因が一月三日の行動にあることは誰が見ても明白である。もしこの日、もっと早く槍ガ岳を発っていたら、そして帰り着いたアタックテントでのんびり過ごしていなかったら、永田は凍傷で六本の手の指を失うこともなかったであろう。

それはほんとうにわずかな油断と判断ミスだったと思う。だが、その代償は決して小さくはなかった。いくら経験が豊富であっても、また準備も万端に整えて、慎重に慎重を期して行動していても、山ではほんの些細な油断が命取りになる——よく言われることではあるが、この事故はその教訓を生々しいリアリティとともに我々に突きつけてくる。

では、一度は奈落に落ちた永田がどうして生還できたのか。まず永田が挙げるのが、再三触れたようにロウソクとマッチの存在である。さまざまな装備のなかでも、いちばん頼りになったのが、このレトロな装備であった。

「もし火も明かりもない真っ暗闇の状態でしたら、とっくにおかしくなっていただろうと思うんです。だからロウソクとマッチがあって最小限の明かりと暖を確保できたことが、がんばれた大きな要素だったろうと私は感じています」

ちなみに一月十一日に救助されたとき、永田が命の支えとしていたロウソクの残りは一・五センチほど。あと二日間が限界だっただろうと永田自身は思っていたという。

そのほかの装備では、濡れと寒さから身を守ってくれたもの、たとえばゴアテックスの雨具、同じくゴアテックスのテント、シュラフの下に敷くサーマレストのマットなどが機能を充分に発揮してくれた。松濤明のケースと比較して「今のように装備がよければ……」と言ったのは、これらを指す。

こうした装備を活用しながら、体温を下げないように努めたこと、体力の温存をはかったことも生還できた一因であろう。遭難する以前から、永田は「基礎体温（三十六・五度）をキープさえしていれば絶対に大丈夫。そのためには体を濡らさないことだ」と信じていたが、結果的にはこの遭難で持論を証明する形となった。

また、長期間にわたって暗闇や孤独に耐えることができたのは、永田が単独行慣れしていたということが大きい。三十年以上もひとりで山を歩き続けていれば、暗闇や孤独に対する耐性がおのずと身についてくるのかもしれない。

さらに、永田がふだんから山岳関連の書物を好んで読んでいたことも役に立った。つまり、「こういうときにはどうするべきか」というノウハウを、たくさんの書物のケースから学んでいたのである。たとえば悪天候時にはほとんど動き回らずジッとしていたこと、それまで一度も掘ったことのない雪洞を掘って救助を待ったことなどがいい例だ。頭の中の知識をうまく実践に結びつけられたというわけである。

そしてもう一点、永田が指摘するのはそのときの精神状態についてである。

「そのころはまだ会社の景気がそれほど悪くはなっていませんでしたからよかったと思います。今みたいな不景気のときに遭難したら、やっぱり死んでしまいたいというような心境になっていたかもしれませんね。おそらく生き残れていないでしょう。いくら装備がよくて経験が豊富でも、会社が行き詰まっていていつ不渡りを出すかわからないとか、自分が死んだら生命保険が下りて借金がチャラにできるだろうとか、そういう精神状態でいたら自分の命というものを軽く見てしまうと思うんです。誰でも同じじゃないでしょうか。仕事上の悩みや家庭の不和などがあって、世の中に絶望している状態のときに遭難したら、生きることを放棄してしまうような気がするんです」

幸い、事故当時の永田の精神状態は非常に安定していたという。だから、どんなことがあっても生きて帰るんだという強い意志を持ち続けられたのだと。

「でも、生き残れた決定的な要素というのはないと思うんです。これまで述べてきたようないろんな条件が重なって、いい方向にいったということです。それは、どれが欠けてもダメだっただろうと思います」

事故のあとも永田は山登りを続けている。やはりお盆と正月の山行が中心で、そのほかの連休時にも都合がつけば山に足を向けるようになった。

生と死の狭間を彷徨った末、永田は凍傷で手の指を六本失っている。それでも山登りをやめないのは、永田にとって山は仕事との同一線上にあるものだからだ。

「苦労して仕事をしてお金を貯めて山に行くっていうのが学生時代からのパターンでしょ。仕事でストレスをためて、それを発散する山があって、また仕事があると。要するに、山に行きたいがために気張って仕事をしているんです。土曜日曜でも一生懸命働くんです。逆に言えば、山がなかったら苦労して働く意味がないということですね、極端な話」

真智子もそれをよく理解していたから、なにも言わなかった。

「皆さんが『もう山に行かしたらあかんよ』と言ってくださったんですけど、私も子どもたちも『山をやめてくれ』とはひと言も言っていないんです。言っても聞かないことはわかってますので。それしかない人ですから。ただ、凍傷であちこち不自由になってますから……。それは自分がいちばんわかっているんじゃないかと思いますけどね」

事故から数年経った夏、永田は真智子を連れて中崎尾根を登り、ビバークをするために雪洞を掘った場所を再訪した。あのとき永田は、雪に埋もれてわからなくならないようにと、アイゼンをそばの木立に引っ掛けてから雪洞を掘り始めた。ところがそのことをうっかり忘れてしまい、救助されたあとではたと思い出したのであった。

そのアイゼンを捜しに妻とふたりで因縁の地を訪れたのだが、残念ながらアイゼンを見つけることはできなかった。


今、永田は日本百名山の登頂をめざそうかなとも思い始めている。あるとき、百名山のなかでいくつ登ったのか数えてみたら、三十にも届いていなかった。その少なさが意外に思えたのだが、考えてみればほとんど北アルプスの槍・穂高方面にしか行っていなかったので、それも当然のことであった。

もし百名山をめざすとしたら、残りはあと七十ほど。七十五歳くらいまでに登りきるとして、年に七つほどのペースで登らなければならないことになる。

だが一方で、そこまでして登る値打ちがあるのかなとも思う。ブームに乗ってガツガツ登るよりも、ひとつの山の四季折々のさまざまな表情を追うほうが、自分の性に合っている気がしないでもない。

永田にとっての山登りとは、若いころには家庭や仕事からの逃避を目的としたものであった。しかし今は違う。ひとつには健康維持の一環としての意味もあるが、なにより自然に接することによって喜びを得られるようになった自分を自覚する。たとえば新緑のころの木々の緑、あるいは雪で覆われた冬の山……そういったものに触れることがとても新鮮に感じられると同時に、ひとつの生きがいになっているように思えるのである。

追記――七つのケースの教訓より

ごくふつうの登山者が遭難という一種の極限状況下に置かれたとき、いったいなにを考え、どう行動し、どのようにして生き延びることができたのか。

それを知りたいがために七人の方にお話をうかがったのだが、なんといっても一目瞭然なのは、七人全員が〝救助を待った結果として生還を果たせた〟ということだ。

「いたずらに動き回って体力を消耗するのではなく、一カ所にとどまってジッと救助を待つことだ」というのは、山で遭難したときの鉄則とされている。この七人のケースを見るかぎり、それが実証された形となったわけである。

遭難してから救助されるまでの期間は、短い人で二、三日、長い人では二週間以上にもおよぶ。

その間、彼らは必ず助けが来てくれることを信じ続けて、一日一日を生き永らえてきた。もしそれを信じ続けることができなかったのなら、途中で力尽きて死亡してしまう人も出ていたかもしれない。

七人のうちのひとり、山本の場合は無傷だったパートナーが下山して救助を要請してくれた。が、ほかの六人は単独行である。自分の危機を誰かに知らせる術のない六人がどうして信じ続けることができたのかというと、登る山、たどるコースを事前に近しい人たちに伝えていたからである。それが習慣的になっていた人もいれば、虫が知らせたのか、たまたまそのときだけだったという人もいる。

いずれにせよ、登山計画を家族らに知らせておいたことにより、彼らは信じ続けることができたのだ。予定どおり自分が帰らなければ、必ず救助要請を出してくれるはずだということを。今、こうして待っている間にも、誰かが自分を助け出そうと尽力してくれているはずだということを。その支えなくして耐え続けることはできなかったであろうと思うのである。

救助を待つ間、七人はそれぞれ自分なりに考え、また工夫して、過酷な状況を少しでも改善しようとしている。が、ひとつ意外に思ったのは、火やストーブを持っていなかった人が何人かいたということだ。

遭難というのっぴきならない状況に追い込まれたとき、いちばん大事なのは前述のように「必ず助けが来てくれる」と信じ続けることだと思うのだが、救助が来るまでの時間をいかにして耐え続けるかというのは、装備によるところが大きい。とくに状況がいちだんと厳しくなる冬山では、装備の差が生死を左右することも珍しくない。装備がよければ体力の消耗や凍傷のダメージを最小限に抑えることができるはずである。

その装備のなかでも、緊急時に最も真価を発揮してくれるのが火とストーブではないだろうかと私は思っている。火とストーブがあれば、暖かい食べ物をつくることができるし、暖もとれる。煙を出して捜索隊に合図をすることも可能だ。なにより人間というのは、火を見つめているだけで力づけられたり慰められたりするものである。

予期せぬアクシデントのことを考えれば、装備は用意周到であったほうがいいに決まっている。だが、担ぎ上げることのできる荷物には限りがある。万一に備えてあれもこれもと持つあまり、途中でバテたりしてしまうのでは、本末転倒もいいところだ。しかし、たとえ日帰りハイキングであれ、火（ライター、マッチなど）とストーブ、それに非常食とツエルトは最低限持つべきであろう。

このように検証してみると、七人のケースからは次のような教訓を得ることができる。

・事前に家族や地元の警察に計画書を提出する。
・しっかりした装備で挑む。火、ストーブ、非常食、ツエルトは必携。
・万一、遭難してしまったら、救助が来るまでじっと待つ。
山で遭難してなお生き延びるには、この三つが必須条件になるといっていいと思う。

さて、問題は三つ目の「救助が来るまでじっと待つ」である。たしかに七人のケースはすべて、結果的には救助が来るまでじっと待っていて助け出されている。だが、実はほとんどの登山者が、救助を待つ態勢に入る前に、自力でトラブルを解決しようと悪戦苦闘している。最初から救助を待っていたのは、迷った時点ですぐに救助を待つことを決めた君島と、足の骨を折って動けなくなった山本ぐらいのものだ。ほかの登山者はみな、自力下山を試みて山中を何日間も彷徨っているのである。全身に重傷を負った佐藤でさえ、這いずりながら自力で救助を求めようとしている。

この、山中を彷徨った数日間を指して、「冷静さを欠いていた」「焦っていた」「取り乱していた」と、みな異口同音に振り返っている。遭難という状況に遭遇してもなお冷静さを保ち続けるのは、かなり難しいことなのだ。というよりも、自分が遭難したという事実を認めたくないから、慌てふためいてなんとか自力で下山しようとするのだろう。

ある意味で、それは無理もないことだと思う。体力もまだ充分にある状態で、家で心配して待っているであろう家族のことを考えれば、いつ来るかわからない救助を待つよりも、誰だって自力で脱出しようとするだろうからだ。

また、彼らはみな単独行であった。ほかに頼る者がない以上、自分でなんとかしようとするのは当然のことである。もし彼らがパーティを組んでいたら、経過はまったく違ったものになっていたであろう。

ともあれ、冷静さを欠いた状態では正確な判断を下せるわけもなく、彼らはどんどん窮地へと追い込まれていく。その間に命を落とさなかったのは、運がよかったとしか言いようがない。

山で道に迷った登山者が少なからず命を落としているのは、うろたえながらやみくもに山のなかを彷徨ったあげく、無理して崖や滝を越えようとして転落してしまうからであろう。あと一日、あるいは数時間、もし彼らが彷徨うことを続けていたら、今ごろは命がなくなっていたかもしれないのである。

が、そうなる前に彼らは行動することをやめた。まるで憑き物が落ちたように冷静さを取りもどし、〝待ち〟の態勢に入る。待ちの態勢に入ってからの彼らは強い。体力の温存を心がけながら、救助がやってくることを信じてひたすら待ち続けるのだ。

もちろん、山登りというのは自力で登り、自力で下山するというのが大前提の行為である。かつては、どんな状況であれ救助を要請するのは恥ずべきことだとされていた時代もあった。また現在でも、些細なことですぐに救助を要請してしまう一部の登山者に、レスキュー関係者からは怒りの声が上がっている。

それを考えると、単独行であれパーティを組んでいるのであれ、遭難したときにいちばん最初に自力下山を試みるのは妥当な行動といえる。が、問題は、自力下山できるのか救助を要請すべきなのかをどの時点で判断するか、だ。

もし冷静さを保って行動できるのなら、自力下山を試みるべきだとは思う。しかし、多くのケースでは、そうはなっていない。冷静さを欠いた状態では、行動すればするほどリスクは大きくなる。実際、自力下山を試みて成功した例はほんとうにわずかだ。逆に失敗した例は山ほどある。自力下山を試みるよりも救助を待ったほうが、生還できる確率は間違いなく高い。それは過去の例を見れば明らかである。

気分が悪くなった程度で救助を要請してしまうのは、たしかに非難されて然るべきである。が、自力下山にとらわれるあまり、無理して行動して命を落としてしまっては元も子もない。そのへんの見極めをいかにするかは、ありきたりの結論になってしまうが、山の経験と知識を重ねてい

く こと以外にない。

自力下山を試みるのか救助を要請するのか、結局、判断を下すのは自分自身である。とにかくすべては命あってこそなのだから、まず助かるためにはなにをすべきかを考えることであり、もし自分で自力下山が無理だと判断したのなら、なるべく早く行動を打ち切って救助を待ち続けることだ。その判断をいかに的確に下せるのか、それが山の遭難から生還するためのカギだと、私は思っている。

最後に、言うまでもないことだが、山で生き延びるには、なにをさておいても遭難しないことである。とは言っても、明日は我が身かもしれない。遭難の要因となる油断や慢心や焦りや過信などが、自分に無縁なことだとはとても思えないからだ。

言うはやすし。他者の遭難事故を批評・批判するのは誰にでもできることだが、自分自身を省みたとき、ヒヤッとしたことは何度もあった。それでも事無きを得られたのは、やはりただ運がよかっただけの話である。

そう言うと、遭難するかしないかは運次第という話になってしまうかもしれないが、人間が不完全な生き物である以上、多かれ少なかれ、そういう部分はあるように感じる。もちろん、責任を運というものに転嫁しているのではない。たいていの場合、責任はすべて自分自身にあるはずだ。

だから心がけるしかない、と思っている。少なくとも山を登るときには常に冷静でいたいものだと。それがどんな状況のときであろうとも。

あとがき

相も変わらず、山での遭難事故はあとを絶たない。そして相も変わらず、少なからぬ人たちが山で命を落としている。

新聞の三面記事を見ていると、つくづくそのことを思う。

が、なかには「○○山で行方不明の登山者、×日ぶりに救出」といった記事が年に何回かは目にとまる。そのたびに思うのは、救助されるまでの間に、彼あるいは彼女は、どう行動し、なにを考えたのだろうか、ということだった。

その疑問に応えてくれたのが本書の七人である。いや、正しくいえば六人ということになる。ひとりに関しては、インタビューをとって『山と溪谷』誌には記事を掲載したものの、単行本化するにあたりどうしても許可が得られなかったため、やむを得ず名前をイニシャルにして新たに原稿を書き起こした。当事者の許可が得られないまま掲載に踏み切ったのは、「ふだん人間は何重ものバリアで守られて生活しているが、遭難という状況に追い込まれたときには、個人の無力さを感じずにはいられなかった」という彼のひと言による。

この言葉を、私はとても重いと感じた。だからあえて掲載させていただいた。そのことについては、この場を借りて改めてお詫びを申し上げたい。

そのほかの方に関しては実名を原則とし（当時の資料から起こした事例と、一部関係者の名前を除く）、敬称も省かせていただいた。また、年齢も当時のものとした。もし非礼があったとしたら、ご容赦いただきたい。

取材のアポイントをとる段階では、テーマがテーマだけに、「お断りいたします」「勘弁してください」と言われてインタビューを拒否されるケースが少なからずあった。

無理もないとは思う。自分が山で遭難し、命からがら助け出されたとして、果たしてその体験談を積極的に不特定多数の人々に知らしめようとするかというと、少なくとも私は自信をもって「イエス」と言うことはできない。

そういう意味では、快く取材を受けていただいた方々には、改めて感謝を申し上げたい。

本書は、山で遭難したときにいかにすれば生還できるのかという観点から読むこともできるかもしれない。だが、始まりはあくまで個人的な関心であった。「はじめに」で述べたように、ごくふつうの山好きな人たちが、極限の状況下でいかにして生き延びたか、私はただそれを知りたかったのだ。構成上、教訓じみたことや批評的なことも書き込んだが、著わしたかったのはあくまで「彼らがどう行動し、なにを考えたか」ということである。それをどのように受け止めるかは、当然、読者ひとりひとりの考え方によって異なるであろう。

なお、本書の執筆にあたっては、東邦航空の篠原秋彦氏や岐阜県警山岳警備隊の谷口光洋氏をはじめ、登場する方々以外にもいろいろご協力をいただいた。改めてお礼を申し上げたい。

羽根田 治

二〇〇〇年九月吉日

羽根田 治（はねだ・おさむ）
一九六一（昭和三十六）年、埼玉県浦和市出身。フリーライター。登山をはじめとするアウトドア・スポーツ、沖縄、自然、人物などをテーマに執筆活動を行なう。著書に『山を歩く』（共著）『アウトドア・ロープテクニック』『パイヌカジ――沖縄・鳩間島から』『空飛ぶ山岳救助隊』（以上、山と溪谷社）、『自分流山登り虎の巻』（雄鶏社）などがある。日本テレマークスキー協会会員、鳩間ターフクラブ千葉支部会長。

生還

山岳遭難からの救出

発行日――二〇〇〇年十一月一日　初版第一刷
　　　　　十二月一日　第二刷
著　者――羽根田 治
発行者――川崎吉光
発行所――株式会社　山と溪谷社
東京都港区芝大門一-一-三三　〒一〇五-八五〇三
電話　出版部　〇三-三四三六-四〇四六
　　　営業部　〇三-三四三六-四〇五五
振替　〇〇一八〇-六-六〇二四九
http://www.yamakei.co.jp/
印　刷――大日本印刷株式会社
製　本――大日本製本株式会社

ISBN4-635-17816-1
＊落丁本・乱丁本はお取り替えいたします。
＊定価はカバーに表示してあります。